我々が、目の前の現実を変革しようと思うならば、
個別の専門的な「知」を学ぶだけではなく、
学んだ「知」を有機的に結びつけ、「知の生態系」を
形成することが不可欠である。

(田坂広志「変革の知・日本語版序文」角川新書)

はしがき

昭和23年8月1日に消防法（昭和23年法律第186号）が施行されてから今年（令和3年）で73年を迎えます。この間、消防法の歴史は、新たな建築技術や建物用途の出現、大規模火災や甚大な災害の発生等、様々な社会的事象の影響を受けながら数多の改正を繰り返してきましたが、近年の人口減少やグローバル社会、IT技術の普及、新型コロナウイルスの感染拡大等により消防行政、とりわけ消防査察を取り巻く環境もまた大きな変革の時代を迎えています。本書は、著者が、約19年にわたる消防職員からの相談や依頼された講演、担当した行政訴訟を通じて得た経験や知見をもとに30問のＱ＆Ａ形式になっていますが、消防法の体系書や研究書という学術書ではなく、実務ですぐに役に立つマニュアル等の実用書でもありません。大きな時代の変革の中で、行政法の法理論や裁判例と査察実務の架橋を目指し、あるいは、「知」の有機的結合の触媒となるよう意を注ぎました。そうしたことから、査察に纏わる個別の論攷ごとに裁判例や行政法・消防法に関する専門的知見をできる限り多く引用し、著者の私見は極力控えるよう心掛けました。また、本書は、日頃の弁護士業務の合間にまとめたものであり、著者の能力不足から意に満たない文献でありますので、その評価は今後の読者の方々にお任せしなければなりません。

なお、巻末には、これまで著者が消防関係の講演の題材として使用した４つの証人尋問のシナリオを付録として掲載しました。それらのシナリオには本書で取り上げた論点が随所に取り上げられておりますので、本書の理解を深める教材として合わせてご活用いただければ幸いです。

compass（羅針盤）の語源は、com（一緒）とpassus（一歩）に由来しており、原義はラテン語のcompassare（歩いて距離を測る）です。本書が、査察業務に献身的に従事する「アンサング・ヒーロー（unsung hero）」への羅針盤となり、新しい時代の査察業務を俯瞰する「知の生態系」への一歩を踏み出すための一助となることを願ってやみません。

最後になりますが、これまで消防に関わる講義や講演、原稿掲載の機会を与えて下さいました全国消防長会北海道支部、一般財団法人日本消防設備安全センター、北海道消防学校、岐阜県消防学校、北海道内の各消防本部、株式会社近代消防社の皆様、そして、平成14年以来、長年にわたり消防行政を巡る多岐にわたる法律問題を共に考える機会を与えて下さっている札幌市消防局の皆様に、この場を借りて厚くお礼申し上げます。

令和３年５月

弁護士　木下　尊氏

目　次

Ⅲ　措置命令

Ⅳ　刑事告発

V　行政訴訟

VI　巻末付録

【凡　例】

［法令名略語］

行訴法	行政訴訟法
行審法	行政不服審査法
行手法	行政手続法
民訴法	民事訴訟法
刑訴法	刑事訴訟法
憲法	日本国憲法
国賠法	国家賠償法
消組法	消防組織法
成田新法	成田国際空港の安全確保に関する緊急措置法（平成15年法律第124号による題名改正前は、新東京国際空港の安全確保に関する緊急措置法）

［判例集等略語］

大	大審院
最	最高裁判所
最大	最高裁判所大法廷
高	高等裁判所
地	地方裁判所
支	支部
判	判決
決	決定
民録	大審院民事判決録

刑録	大審院刑事判決録
民集	大審院及び最高裁判所民事判例集
刑集	大審院及び最高裁判所刑事判例集
裁判集刑	最高裁判所裁判集刑事
集民	最高裁判所裁判集民事
高民集	高等裁判所民事判例集
高刑集	高等裁判所刑事判例集
下民集	下級裁判所民事判例集
行裁集	行政事件裁判例集
訟月	訟務月報
判時	判例時報
判タ	判例タイムズ
金融法務	旬判金融法務事情
交通民集	交通事故民事裁判例集

【文献略語】

阿部・行政法解釈学Ⅰ

阿部泰隆著　行政法解釈学Ⅰ－実質的法治国家を創造する変革の法理論　有斐閣

阿部・行政法解釈学Ⅱ

阿部泰隆著　行政法解釈学Ⅱ－実効的な行政救済の法システム創造の法理論　有斐閣

芦部＝高橋・憲法

芦部信喜著・高橋和之補訂　憲法第六版　岩波書店

違反是正支援センター・消防判例集

違反是正支援センター編　消防関係等判例集

違反是正支援センター・消防判例集２

違反是正支援センター編　消防関係等判例集（平成20年度版）

宇賀＝小幡・国家賠償法

宇賀克也・小幡純子編著　条解国家賠償法　弘文堂

木下・新消防行政

木下健治著　新消防行政＆防火管理の法律問題　財団法人全国消防協会

国賠訴訟実務研究会・国家賠償訴訟

国賠訴訟実務研究会編　国家賠償訴訟の理論と実際　三協法規出版

小早川＝青柳・判例行政法１

小早川光郎＝青柳馨編著　論点体系　判例行政法１　第一法規

小早川＝青柳・判例行政法２

小早川光郎＝青柳馨編著　論点体系　判例行政法２　第一法規

小早川＝青柳・判例行政法３

小早川光郎＝青柳馨編著　論点体系　判例行政法３　第一法規

芝池・行政法

芝池義一著　行政法総論講義第４版補訂版　有斐閣

芝池・行政救済法

芝池義一著　行政救済法講義第２版　有斐閣

芝池・判例行政法
　芝池義一編　判例行政法入門第３版　有斐閣
司法研修所・実務的研究
　司法研修所編　－改訂－行政事件訴訟の一般的問題に関する実務的研究
消防基本法制研究会・逐条消防法
　消防基本法制研究会編著　逐条解説消防法第五版　東京法令出版
消防大学校・消防判例解説
　消防大学校編著　新・消防関係判例解説（増補）　ぎょうせい
関・消防の研究
　関東一著　新版・消防法の研究　近代消防社
関・行政判例解説
　関東一編著　消防関係　行政・刑事判例の解説　近代消防社
関・違反処理の基礎
　関東一著　火災予防　違反処理の基礎　近代消防社
関・立入検査の法律知識
　関東一著　消防官のための立入検査の法律知識　近代消防社
深見・国家賠償訴訟
　深見敏正著　リーガル・プログレッシブ・シリーズ　国家賠償訴訟　青林書院
藤村・使用者責任
　藤村和夫著　使用者責任の法理と実務　三協法規出版
藤山＝村田・行政争訟
　藤山雅行＝村田斉志編　新裁判実務体系25　行政争訟〔改訂版〕　青林書院
南＝高橋・行政事件訴訟法
　南博方＝高橋滋編集　条解行政事件訴訟法　第３版補正版　弘文堂
渡辺・区分所有法
　渡辺晋著　最新区分所有法の解説（改訂新版）　住宅新報社

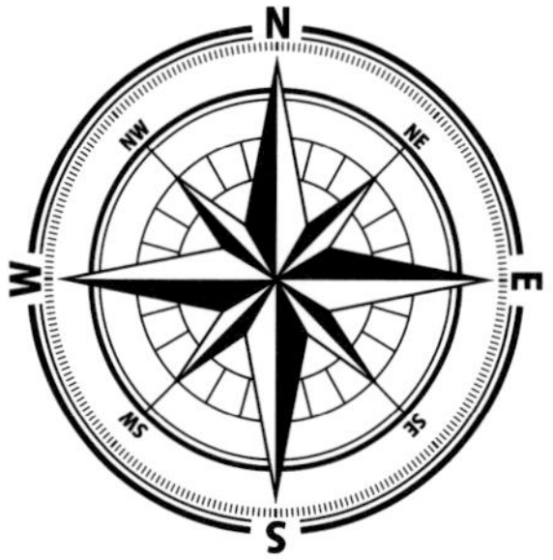
N
NW
NE
W
E
SW
SE
S

I　立入検査（違反調査）

「君が他人の始めるのを待つ限り、
誰も始めはしないだろう」

（フランスの哲学者・アランことエミール＝オーギュスト・シャルティエ）

Q1 消防機関が、相手方の協力を得て任意調査を行うには、消防法令上の根拠規定が必要なのか？

A

消防機関による任意調査には、特段の根拠規定は存在しないが、強制力を伴わない任意手段による限り、火災予防の目的の範囲内において一般的に任意調査は適法な行政活動といえる。

1 行政調査と根拠規定

(1)　総務省消防庁が公表している「令和２年版消防白書」によれば、令和２年３月31日現在で全国における防火管理実施義務対象物数は1,077,127ある。一方、令和元年度中に全国の消防機関が行った立入検査回数は827,783回に及んでおり、数字上は全国で一日平均約2,300回もの立入検査が行われていることになる。

また、本書の表題にもある「査察」という用語は、消防のみならず税務や食品医薬、原子力等の規制に関する行政分野の実務では広く使われている[※1]。一方、消防法上の法令用語としては「査察」は用いられていないが、「消防法第４条第１項又は第16条の５第１項の規定に基づく立入検査の結果、火災予防（防止）に関する消防法令違反または火災予防（防止）上の欠陥事項について消防対象物または貯蔵所などの関係者に指摘し、その是正を促すこと」という定義があるほか（関・違反処理の基礎９頁）、「立入検査

※１　国税ついて重大な犯則があると認められる納税義務者についての国税通則法第11章（犯則事件の調査及び処分）に基づく調査、検査及び犯則の取締りをその職務としている税務職員を国税査察官という。

等による法令違反又は火災危険等の発見から違反の是正又は火災危険等の排除を促すまでの一連の作用」とする定義もある（札幌市消防局査察等に関する規程第２条第２項（３））。

本書で用いる「査察」の用語については、基本的に後者の定義に従うこととする。

(2)　この査察の嚆矢となる消防法第４条の立入検査は、行政法学上の行政調査という概念に包摂される。講学上、行政調査とは、行政活動の一環として行われる情報収集活動であるが、近年その重要性を認識されつつある情報の収集・加工・利用・管理・開示という情報管理行政の第一段階であり、行政と国民とが接触する行政の外部的な過程である（芝池・行政法268頁）。

また、行政調査は、①相手方の任意の協力を得て行われる任意調査、②相手方に義務を課し、または相手方の抵抗を排除しても行うことのできる強制調査（例：国税犯則取締法、関税法、独占禁止法等）、及び、③罰則により実効性が担保された間接強制調査（例：所得税法、食品法、消防法、建築基準法等）に分類されるが、このうち②強制調査と③間接強制調査には根拠規定が必要とされている。

(3)　この点に関して、任意調査における根拠規定の要否が争いとなった判例（最三小決昭和59年９月22日刑集34巻５号272頁）は、自動車の一斉検問による飲酒検知の結果、酒気帯び運転が確認されて起訴されたXが、一斉検問は何らの法的根拠なく行われたものであると主張して無罪を争った事案である。最高裁は、自動車の一斉検問には明示の根拠規範は存在しないものの、警察法第２条第１項に規定する「交通の取締」を警察の責務としていることに照らして、「交通の安全及び交通秩序の維持などに必要な警察の諸活動は、強制力を伴わない任意手段による限り、一般的に許容されるべきもの」と判示したうえで、「警察官が、交通取締の一環として交通違反の多発する地域等の適当な場所において、交通違反の予防、検挙のための自動車検問を実施し、同所を通過する自動車に対して走行の外観上の不審な点の有無にかかわりなく短時間の停止を求めて、運転者などに対し必要な事項についての質問などをすることは、それが相手方の任意の協力を得る形で行われ、自動車の利用者の自由を不当に制約することにならない方法、態様で行われる限り、適法なものと解すべきである。」とし、具体的な適用要件を示して適法との判断をした。

(4) 現在の査察実務において、任意調査と立入検査が明確に区分されているかという点はさておき、少なくとも罰則の担保がない消防法第4条第1項、第16条の5第1項及び第32条第1項に基づく質問権の行使は、任意調査として位置付けられている（なお、関・立入検査の法律知識79頁は、消防法第4条の質問権を、非権力的な事実行為、あるいは任意行為の性質を有するとしている。）。そして、現行の行政法では、一般的な調査であれ、個別的な調査であれ任意調査のためにはとくに法律の根拠を要しないと考えられており、消防機関による任意調査についても、特段の根拠規定は存在しないものの、消防法第1条に規定する「火災を予防」することが消防の責務となっていることに照らせば、強制力を伴わない任意手段による限り、火災予防の目的の範囲内において一般的に任意調査は適法な行政活動といえる。

しかしながら、自動車の一斉検問に関する前掲最高裁判決が示した適用要件に照らせば、比例原則※2により、防火対象物の関係者の自由を不当に制約することにならない方法、態様で行うことが求められることはいうまでもない。例えば、事前の通知もせずに防火対象物に赴き、長時間にわたり相手方の営業活動に支障を

※2 達成されるべき目的とそのためにとられる手段（措置）との間に合理的な比例関係が存在することを要請する原則（芝池・行政法84頁）。

及ぼすような態様で質問をするような任意調査は許されない。

さらに、立入検査の拒否や資料提出命令、報告徴収の義務違反については罰則の適用があることから、消防機関としては、罰則のない質問権行使等の任意調査と罰則のある立入検査等を明確に区分して適切に運用することが求められる。この点、相手方から質問に対する答弁を拒否された場合、当該質問事項が火災予防上重要な事項で、答弁を得なければ行政目的が達成されないものであるときは、質問しようとした事項の報告を求める事項に置き換える「質問事項の報告事項への転換」という補完手段もあるが(関・立入検査の法律知識93頁)、この場合にも、相手方に対する不意打ちとならないよう、当該権限行使の法的性質が質問権なのか報告徴収なのかを事前に明示することが必要となる。

Q2 消防法の沿革（制定過程）において、消防機関の立入検査はどのように位置づけられていたのか？

A

戦後の消防体制の構築にあたり犯罪捜査を目的とする警察と分離されたことにより、既に発生している具体的な危険の除去という権力的な行政活動ではなく、危険の発生を予防する目的の行政活動である行政調査として位置づけられた。

2 消防法の歴史的沿革及び行政調査の性質

(1) 昭和23年8月1日に消防法（昭和23年法律第186号）が施行されてから今年（令和3年）で73年を迎える。消防の歴史と消防法の成立過程については、消防法研究会編著「消防法の実務」（東京法令出版）において、明治以前から消防法成立以後の制度面の変遷が分かり易く解説されている（同1～5頁）ので、そちらを参照いただきたい。

一方、消防法の歴史的沿革と行政調査（立入検査）の性質との関係については、須藤陽子著「『行政調査』に関する一考察」（立命館法学2008年4号）の論攷に詳しく述べられている。同論攷によれば、戦後に消防組織法と消防法が制定されるまで、消防活動に関する法律は存在せず、消防は、内務省警保局の所管の下、府県知事、警察署長、そして警察官という指揮系統の下に置かれており、火災予防のために命令又は強制を用いることもできず、火災予防のために指導を行うことも躊躇される状況であった。しかしながら、戦後の消防制度の構築における組織法的な眼目が、警察と消防の分離と消防の地方分権化とされ、危害発生ないし具体的な危険の存在が前提となる即時強制[※3]と異なる、危険を発生させないための「予防」目的の行政活動の必要性と法的根拠を明確にした議論が消防法の制定過程においてなされていた。そうした意味において、かつて犯罪捜査と未分離であったものが分離され、「予防」という目的が明確化された立入検査は、現代行政法学における「行政調査」という範疇として、戦前のドイツ法的警察法理に由来する即時強制とはまったく別個に打ち立てるべきとする傾聴に値する提言を示している。

(2)　また、阿部・行政解釈学Ⅰ（556頁）にも、行政強制のシステムの歴史的変遷について、以下のような指摘がある。

「戦前においては、旧行政執行法により行政上の義務はすべて行政権の判断だけで行政強制できるように直接強制、執行罰、代執行を用意していた。名称を見ても、現行法は行政代執行法であるが、戦前の法律はすべての行政強制を対象としていた。しかし、第２次大戦後は、直接強制は行政権の判断だけで国民の身体、財産に実力を加える強力な作用であり、濫用のおそれがあるとして、人権尊重の見地から原則として廃止され、執行罰は義務違反に対し義務の履行があるまで累積的に制裁金を課す手法であるが、あまり用いられなかったし、利用されれば濫用されるとして、同様に廃止された」

(3)　講学上、法の解釈には、国家権力が自ら権威的拘束力をもっておこなう立法解釈、司法解釈、行政解釈[※4]という有権解釈のほか、法規の文言をその語義や文法に即して法規の意味を明らかにする文理解釈や法律の全体の構造や趣旨・目的、他の法律との関

※３　公益に違反する事態が切迫しており、私人に対して義務を課している暇がないようなときに、やむなく義務の存在を前提にせずに、公益上望ましい状態を強制的に実現する手段。

※４　訴訟における行政解釈の位置づけについては、Ｑ 23 参照。

連、社会的妥当性など、その法律を巡る様々な側面を考慮しながら解釈する論理解釈がある。そして、法律は歴史的一時点において固定するのであるから、新しい社会的事象に対して法律を適用しようとすれば、論理解釈を用いて当該社会に妥当性のある解決を見出さざるをえない（佐藤篤士著「法学の基礎理論」敬文堂130頁）。

この点、消防法は、新たな建築技術や建物用途の出現、大規模火災や甚大な災害の発生等、種々の社会的事象の影響を受けながら数多の改正を繰り返してきた歴史的経緯があるが、後述する消防法上の立入検査や任意調査を巡る法的問題を検討するにあたり時代に適した妥当性のある解決を導くためには、消防を取り巻く様々な事象や関連する法令・裁判例等を考慮しながら解釈する論理解釈を用いることが必要不可欠となる。その場合には前述した消防法の沿革や制定過程の議論をも念頭に置きつつ、既に発生している具体的な危険の除去という権力的な行政活動という視点ではなく、危険の発生を予防する目的の行政活動である行政調査という位置づけを基本に据えて考えることが肝要である。

Q3 消防機関による行政調査は、どのような場合に違法となり得るのか？

A

任意調査は、行政機関に裁量が認められるが、比例原則に反して、調査により収集される情報の範囲が必要最小限度を超え、あるいは、調査手段の選択にあたり過度に相手方に負担を与えた場合には違法となることがある。

3 行政調査における違法性の判断基準

⑴　相手方の協力を得ることを前提とする行政調査を行うにあたっては、相手方の協力が明確に得られていない状況にもかかわらず調査を行った場合には、調査行為が違法と判断され、国家賠償法上の損害賠償責任を負う可能性があることに留意する必要がある。

⑵　この点、行政調査の限界を示す判例として、最判昭和63年12月20日訟月35巻6号979頁（原審大阪高判昭和59年11月29日訟月31巻7号1559頁）がある。この事案では、税務調査のため看板装飾業を営む被調査者の店舗兼作業場に臨場した国税調査官が、被調査者の不在を確認する目的で、無断で同人の店舗兼作業場の内扉の止めがねを外して、無人の店舗兼作業場に進入した行為の違法性が争われたが、最高裁は、国税調査官の当該行為は、所得税法第234条第1項に基づく質問検査権の範囲内の正当な行為といえず、国家賠償法第1条第1項に該当するとした原審の判断は、正当として是認することができると判示し、3万円の損害賠償を認めた原審の大阪高裁判決を肯定した。

⑶　同様に、相手方の承諾のないまま、スーパーマーケットである1階部分とは区別された居宅部分である2階に立ち入り、そこにおいて承諾のないままタンスやベッドの引き出しを検査するなどの実力行使がなされた行為について、社会通念上相当の範囲内にあるとは言えないとして税務調査の違法に基づく国家賠償責任を認めた裁判例もある（京都地判平成7年3月27日判時1554号117頁、控訴審大阪高判平成10年3月19日判タ1014号183頁）。

こうした類型の裁判例は、調査の際の有形力の行使が、そもそも行えない、あるいは行えるとしても過大・不必要など許されないものであったという争いであり、実力行使との関係を最も明瞭に示しているとされている（宇賀＝小幡・国家賠償法305頁）。

⑷　一方、法律の根拠が存在せず、かつ、罰則を伴わない任意調査は、行政機関に裁量が認められることになるが、比例原則の適用により、調査により収集される情報の範囲は、その調査の目的に照らし必要最小限度にとどまらなければならず、また、調査手段を選択する場合にも、調査目的の有効な達成の見地とともに、相手方の負担の可能な限りの軽減も考慮されなければならない（芝池・行政法271頁）。

より具体的にいえば、例えば、任意調査において写真撮影を行う場合には相手方の承諾を得ることはもちろん、できる限り個人情報やプライバシーに関わる情報を取得しないよう配慮することや、相手方に対して多岐にわたる質問が必要となる場合には、相手方に事前に質問事項を示して相当な準備の時間を与える、あるいは、口頭による回答に代えて文書や電子メールによる回答を選択するなどのケースバイケースの柔軟な対応が求められることになる。また、手段の選択にあたっても、罰則のある報告徴収権ではなく、罰則のない質問権を優先的に行使することを原則とすべきである。

Q4 消防機関が行った調査に瑕疵《かし》があった場合、当該調査に基づいてなされた措置命令は違法となるのか？

A

消防機関が調査を行うにあたり、社会相当性の限度を超えた手法により証拠や証言を収集した場合には、その後の措置命令が法令上の要件を充足していたとしても、調査手続の瑕疵《かし》を理由として当該措置命令が取り消される可能性がある。

4 瑕疵ある行政調査に基づいてなされた行政処分の違法性

(1) 行政調査を行うにあたり比例原則違反や手続的瑕疵が認められる場合、違法な調査手続そのものではなく、それに基づいて行われる行政処分の段階で、調査の違法を理由に当該行政処分の違法を争うことが考えられる。しかしながら、裁判例上、先行行為である調査手続の違法が後続の行政行為に承継される余地はかなり限定されており、調査手続に何らかの違法があったとしても、それがまったく根拠を欠きあるいは公序良俗に違反する方法で資料を収集したなどの重大なものである場合にのみ、行政処分の取消事由となることが認められるにとどまる（芝池・行政法274頁）。

(2) この点、最三小判平成8年3月5日（税務訴訟資料215号803頁）は、学校法人の理事長の地位にあった原告が、経費の水増し等を理由に更正処分及び過少申告加算税賦課決定処分を受けたため、これらの処分の取消訴訟を提起した事案について、「調査手続きの瑕疵が直接当該調査により行われた更正処分に影響を及ぼすものではないが、ただ調査手続きが刑罰法規に触れ、公序良俗に反し社会通念上相当の範囲を超えて濫用にわたる等重大な違法を帯び、何らの調査なしに更正処分をしたに等しいものと評価を受ける場合に限り、その処分に取消原因があるものと解するのが相当である」と判示した原審（仙台高判平成7年7月31日税務訴訟資料213号372頁）を正当としている。

一方、大阪地判平成2年4月11日（判タ730号90頁）は、原告が、更正に先立って行われた質問検査において原告が要求した民主商工会事務局員の立会いを税務署職員が拒否したことが更正の違法理由となるかが争われた事案について、「課税処分は課税標準の存在を根拠としてされるものであるから、その適否は、原則として客観的な課税要件の存否によって決せられるべきものである。仮に、税務調査手続に何らかの違法があったとしても、それが、全く調査を欠き、あるいは公序良俗に違反する方法で課税処分の基礎となる資料を収集したなどの重大なものでない限り、課税処分の取消理由とはならないものと解される。そうすると、原告が主張するような事実関係を前提としても、被告の部下職員による質問調査の過程に本件各更正の取消理由となるような違法があったとはいえない」と判示した。

(3) 学説には、こうした税務調査手続を巡る裁判例の傾向を一般化できるかどうかという指摘もあるが（芝池・行政法274頁）、上記最高裁の法理を尊重すれば、例えば、消防機関が調査の際に関係資料を無断で持ち去ったり、暴行や脅迫に類する社会相当性の限度を超えた手法により証拠や証言を収集した場合には、仮に、その後の措置命令が法令上の要件を充足していたとしても、調査手続の瑕疵を理由として当該措置命令が取り消される可能性があるといえよう。

Q5 消防機関が立入検査を行うにあたり、裁判官の発した令状が必要な場合があるのか？

A

消防法上の立入検査が、相手方の自由な意思をいちじるしく拘束して、実質上、直接的物理的な強制と同視すべき程度にまで達しているといえない場合には、裁判官の令状は不要と解される。

5 立入検査と令状主義

(1) 憲法第31条は、「何人も、法律の定める手続によらなければ、その生命若しくは自由を奪われ、又はその他の刑罰を科せられない」と定める。この規定は、直接には刑事手続について定めた規定であるが、「その趣旨は、行政手続（たとえば、税務調査などの行政手続のための事業所等の立入り、少年法による保護処分、[旧] 伝染予防法による強制収容など広く行政強制と言われる手続）に準用されると一般に解されている」（芦部＝高橋・憲法244頁）。

(2) また、憲法第35条第1項は、「何人も、その住居、書類及び所持品について、侵入、捜索及び押収を受けることのない権利は、第33条の場合を除いては、正当な理由に基づいて発せられ、且つ捜索する場所及び押収する物を明示する令状がなければ、侵されない。」と定めているが（令状主義）、行政調査に憲法第35条の適用があるか、すなわち、行政調査に裁判官の発した令状が必要かという点が争われた事例がある。このうち、旧所得税法上の質問検査権（収税官吏が税務調査にあたり納税義務者に質問し、帳簿等の物件を検査でき、これを拒否した者には罰則が適用される制度）に基づく調査を拒否して起訴された被告人が、当該質問調査が、令状主義等に反すると主張した事案として川崎民商事件がある（最大判昭和47年11月22日刑集26巻9号554頁）。

最高裁は、一般論として、憲法第35条第1項の規定が主として刑事責任追及の手続における強制について司法権による事前抑制のもとに置くことを趣旨とする規定であると確認したうえで、当該手続が刑事責任追及を目的とするものでないとの理由のみでその保障の枠外にあると判断することは相当でないと判示した。そして、所得税法上の質問検査権の行使については、強制の程度について、「検査の相手方の自由な意思をいちじるしく拘束して、実質上、直接的物理的な強制と同視すべき程度にまで達しているもの」とはいえないとして、違憲ではないと判断した。

さらに、いわゆる成田新法事件においても、最高裁（最大判平成4年7月1日民集46巻5号437頁）は、「行政手続は、刑事手続とその性質においておのずから差異があり、また、行政目的に応じて多種多様であるから、行政手続における強制の一種である立入りにすべて裁判官の令状を要すると解するのは相当ではなく、当該立入りが、公共の福祉という行政目的を達成するため欠くべからざるものであるかどうか、刑事責任追及のための資料収集に直接結び付くものであるかどうか、また、強制の程度、態様が直接的なものであるかどうかなどを総合判断して、裁判官の令状の要否を決めるべきである」と判示し、成田新法に基づく立入検査（間接強制調査）について令状を不要とした。

(3) 以上のとおり、消防法上の立入検査についても、相手方の自由な意思をいちじるしく拘束して、実質上、直接的物理的な強制と同視すべき程度にまで達しているといえない場合には、裁判官の令状は不要と解される。

一方で、行政調査は、法定の目的のために行われるものであり、それとは異なる目的で調査権限を行使することは許されないことはいうまでもない。令和２年には、政府が、新型コロナウイルス感染拡大に伴い、風俗営業法や食品衛生法、建築物衛生法等の現行法を活用して、それぞれの法律に基づく事業者への立入調査に合わせて感染症対策の徹底を促す方針が示されたが、こうした政府の対応については、行政による「威圧行為」になりかねないとの指摘や恣意的運用の懸念が示されている（令和２年７月28日朝日新聞朝刊、同北海道新聞朝刊）。

また、最二小決平成16年１月20日（刑集58巻１号26頁）は、税務調査における質問検査権の行使により得られた情報が犯則事件の証拠として利用されることが想定できたとしても、そのことによって直ちに、上記質問又は検査の権限が犯則事件の調査あるいは捜査のための手段として行使されたことにはならないと判示しているが、特に、消防機関の違反処理と警察の捜査が競合している事案では、後述する伊藤正己裁判官の補足意見にも指摘されているように、消防機関による立入検査に仮託して犯罪捜査や刑事責任追及のための証拠収集が行われたとの疑念を持たれないよう十分留意する必要がある。

⑷　また、令状主義との関係では、行政調査により得た情報を刑事手続で利用することができるかという問題もある。

この点、「裁判官の許可を要しない行政上の検査によって入手された各種資料は、刑事手続において証拠能力をもたないと解すべきであろう。このことは、憲法35条の保障が及ばないことの理論的帰結の一つと考えてよいと思われる」（金子宏「行政手続法と憲法35条及び38条－旧所得税法63条、70条10号の質問検査権と憲法35条及び38条」判例評論172号）とする学説もあるが、判例は、税務調査における質問検査権の行使により取得収集した証拠資料について犯則事件における証拠能力を肯定している（前掲最二小決平成16年1月20日）。

また、違法な別件逮捕中の自白を資料として発付された勾留状による勾留中の被疑者に対する消防職員の質問調書について、「消防法32条1項による質問調査は、捜査官とは別個独立の機関である消防署長等によって行われた。しかも消防に関する資料収集という犯罪捜査とは異なる目的で行われるものであるから、違法な別件逮捕中における自白を資料として本件について勾留状が発布された。

これによる勾留中被疑者に対し右質問調査が行われた場合でも、その質問を違法とすべき理由はなく、消防職員が捜査機関による捜査の違法を知ってこれに協力するなど特段の事情がない限り、右質問に対する被疑者の供述を録取した調書の証拠能力を否定すべきものではない」と判示し、証拠能力を肯定している（最判昭58年7月12日判例時報1092号127頁・検察官送致後被疑者質問調査事件上告審判決）。

なお、伊藤正己[※5]裁判官は、上記質問調書の証拠能力について、以下のような補足意見を示している。

「もとより、捜査機関が、その捜査の違法を糊塗するために特に消防機関に依頼し、これに基づき、消防官が、捜査官においてすでに違法に収集した証拠を読み聞かせるなどして質問をし、これに沿うようその供述を誘導して録取するなど、消防機関の質問調査を捜査機関による取調べ又は供述録取と同一視すべき事情があるときは、その調書の証拠能力を否定することが相当とされる」

※5　伊藤 正己（1919－2010）。日本の法学者。専門は英米法、憲法、とりわけ表現の自由とプライバシーの関係性を研究していた。元最高裁判所判事、東京大学名誉教授。

⑸　また、上記検察官送致後被疑者質問調査事件の控訴審判決（大阪高判昭和55年３月25日高刑集33巻１号80頁）は、行政権限の授権代理（消防職員の質問権の法的根拠）について、行政調査の性質等を踏まえて、以下のとおり判示しているので、参考までに引用する。

「消防法32条１項は、同項の質問を行う主体を『消防長又は消防署長』と規定しているが、火災等が多発する現状にかんがみると、火災原因等の調査を消防長又は消防署長がすべて自らこれを行うことは不可能であって、現実には一般の消防職員等がこれにあたる必要があること、同項による質問は、火災の効果的な予防及び警戒体制の確立などを目的とする一般的な行政調査であって、罰則によって相手方にその受忍を義務づけているものではないことなどに徴すると、同項は、消防職員の内部規程に基づき、消防長又は消防署長の補助機関である消防職員をして同項所定の質問権を代行して行使させることを容認していると解すべきである」※6

※６　この点について、最判の判例時報の解説は、「少なくとも、質問のような任意の応答を求める行為については、法の明文がなくとも授権代理は許されてよいであろう」とコメントしている。

Q6 消防機関による立入検査は、相手方が拒否した場合であってもその抵抗を排除して行うことができるのか？

A

消防法上の立入検査は、危険の発生を予防する目的の行政活動である行政調査と位置づけられていることから、直接強制は認められない。

6 立入検査における強制調査の可否

(1) 前述した行政調査の分類（Q１）との関係では、相手方が拒否した場合でもその抵抗を排除して立入検査を行うことができるかという問題がある。学説には、消防法第４条、第４条の２、第16条の５は、火災危険の危険性が強いため、緊急の必要がある場合の強制調査を認めたものとする説もあるが、通説・実務においては消防法上の立入検査は、間接強制調査であり、いわゆる直接強制（強制調査）は含まないとされている（消防基本法制研究会・逐条消防法51頁）。

前述（Q２）のとおり消防法上の立入検査が、既に発生している具体的な危険の除去という権力的な行政活動ではなく、危険の発生を予防する目的の行政活動である行政調査と位置づけられていることに照らしても、消防機関による立入検査について直接強制が認められる余地は認められず、通説の立場が妥当と考える※7。

※７　阿部・行政解釈学Ⅰ（489頁）は、立法論としては、生活保護法における受益の拒否のような手法を拡張し、立入拒否者の営業は行政監督に服していないという理由で停止できる制度にすべきであろうとしている。

(2) なお、消防法第4条の立入検査のような行政調査のうちの事実行為型のものについては、抗告訴訟（取消訴訟）の対象となる行政処分とは認められ難く、また、調査の多くは「一過性」のものであり、訴訟が成立する前提を欠いていることから、それ自体を取消訴訟の対象とすることが難しいとされているが（芝池・行政法273頁、関・立入検査の法律知識57頁）、権力的事実行為にあたる処分として差止訴訟（行訴法第3条第7項）の提起は可能とする見解もある（小早川＝青柳・判例行政法1・474頁）。但し、その要件として、「一定の処分又は裁決がなされることにより重大な損害を生ずるおそれがある場合」（重大な損害要件、行訴法第37条の4第1項本文）を充たすことや、その場合であっても、「その損害を避けるために他に適当な方法があるとき」は提起できないとされている（補充性の要件、同条第1項但書）。

また、行政調査に付随する記録提出命令や証人出頭命令などは行政処分の形式で行われるが、こうした命令の取消訴訟が認められるかどうかは学説上争いがある（小早川＝青柳・判例行政法1・474頁）。この点、静岡地判昭和56年12月4日（行裁集32巻12号2205頁）は、自治法第100条に基づく調査委員会が発する調査命令について、拒否に関する罰則を科す刑事手続で調査の違法性を争うことができることから裁判を受ける権利が保障されている等の理由により取消訴訟の対象とはならないとした。上記裁判例の趣旨に照らせば、少なくとも拒否に関する罰則による担保がある消防法第4条第1項の資料提出命令は、取消訴訟の対象とはなり得ないと考える。

Q7 消防機関が立入検査を行う場合には、事前に相手方に告知することが必要なのか？

A

消防法第４条には「事前の告知」が手続要件として規定されていないことからも、消防機関の立入検査には法的要件としての事前告知は必要ない。

7 立入検査における事前告知の要否

(1) 消防法第４条の立入検査を行うにあたり、相手方への事前の告知（通知）が必要かという問題がある。この点、相手方に対する告知の要否について、「立入検査は、火災予防上の行政監督として行われるものであるから、関係者に立ち入りを行う旨を告知することによって、当該関係者にこれを受忍する義務が生じ、かくして関係者の支配・管理する領域に一方的に立ち入ることに正当性（適法性）が認められる。……なお、告知の相手方が不在の場合は、立入りを正当化（適法化）するための手続要件たる告知をなし得ず、したがって、立入検査を行うことはできない。」（関・消防法の研究61頁）との指摘がある。

しかしながら、平成14年の消防法改正により相手方への事前告知義務が撤廃され、現行消防法第４条には「事前の告知」が手続要件として規定されていないことからも、少なくとも法的要件としての事前告知は必要ないものと解する。

この点、最高裁（最決昭和48年７月10日刑集27巻７号1205

頁・荒川民商事件）は、所得税法上の質問検査に関し、実体法上特段の定めのない実施の細目については、税務職員の合理的な選択に委ねられているものとし、「実施の日時場所の事前通知、調査の理由および必要性の個別的、具体的な告知のごときも、質問検査を行ううえの法律上一律の要件とされているものではない」と判示している。

⑵ 一方、総務省消防庁予防課「立入検査標準マニュアル」(平成26年３月４日現在）によれば、立入検査では、「法令上は事前の通知を必要としないが、相手方の個人の生活、経済活動の自由等への関与の程度と火災予防上の必要性を比較し、事前に通知するかどうかを検討する」としたうえで、既に把握している違反事実の改修指導で立入検査の相手方と面談する必要があるときや、消防対象物の位置、構造等について正確な情報の入手、検査実施時の安全確保等の観点から相手方の立会を求める必要があるときは事前の通知が必要とされている。

また、事前に相手方に告知することは、立入検査拒否罪の構成要件である「立入若しくは検査を拒み」の構成要件該当性の明確化に資するという意味では有用である。さらに、上記マニュアルでは、「過去の立入検査の結果等から、立入検査の拒否など相手方のとった対応について、記録されているときは、事前に通知し、相手方の承諾を得てから出向くようにするなど立入検査を円滑に実施できるような方策について検討する」との解説も示されている。少なくとも、前述（Ｑ４）した税務調査における最高裁判決（最三小判平成８年３月５日）の法理に照らせば、事前に告知をせずに関係者に無断で立入検査を行うことは控えるべきであろう。

Q8 立入検査を行う場合の要件となる「火災予防のため必要があるとき」とは、どの程度の危険性が必要なのか？

A

消防対象物の用途等に内在する危険性、過去の火災事例からの経験則等を総合考慮し、個別的、具体的な出火、拡大危険又は火災による人命危険が存在することを必要とせず、一般的、抽象的な火災危険があれば足りる。

8 立入検査の実体的要件の判断基準

(1) 立入検査の要件である「火災予防のため必要があるとき」について、どの程度の危険性を要するかという議論がある。この点については、「個別的、具体的な出火、拡大危険又は火災による人命危険が存在することを必要とせず、一般的、抽象的な火災危険で足りる。」とし、その理由として、「立入検査は、火災予防上の実態把握のため、つまり、消防対象物における火災予防上の欠陥の有無を具体的に把握するために付与されたものであり、具体的な火災危険の存在はその結果として判明するものであるから、立入検査を行う場合の要件として具体的な火災危険の存在を必要とすることは、その目的、機能との関係から自己矛盾をもたらし、立入検査権の存在意義を実質上否定することになる」（関・消防法の研究49頁）との見解が妥当と考える（同じく抽象的な火災危険で足りるとする見解として、木下・新消防行政18頁）。

(2) また、立入検査の要件の判断についてどの程度の厳格性を求めるべきかという問題もある。この点、立入検査は、消防対象物等における消防法令の履行状況や火災予防上の欠陥の有無について把握し、所要の行政措置をとり得るための重要な権限であり、それ故に立入の要件に厳格性が要求されず、抽象的な火災危険の存在で足りるとされていることを考えれば、過度にわたらない範囲内において、可能な限り立入検査を実施し、火災予防目的の実現を図るべき行政上の責務があるとする見解（関・立入検査の法律知識23頁）のほか、行政調査の法的性質（行政機関が国民の自由や財産に現実に働きかけて制約を加えるもので公権力性を有する作用）に鑑みると、行政機関はその実施にあたっては法律の趣旨目的に照らして厳格に解釈しなければならないとする見解もあるが、現在の立入検査の実施状況（Ｑ１）や裁判官の令状を必要としない立入検査（Ｑ５）が実施されている実情に鑑みれば、査察実務では前者の見解が広く採用されている状況がうかがわれる。むしろ、「火災予防のため必要があるとき」の解釈適用にあたっては、過度に抑制的な思考に縛られることなく、消防法の目的である「消防機関が、防火対象物の実態を把握することにより、関係者に対して火災予防上適切な指導を行うとともに、万一の出火に際しても被害を最小限にとどめ得る」ことを踏まえつつ、当該防火対象物の用途、利用状況、違反項目の内容、関係者の防火管理意識の程度等を総合的に勘案して実効性のある立入検査を行うことが肝要であろう。

なお、後述（Ｑ21）する宝塚市カラオケ店火災事件にかかる損害賠償請求訴訟の控訴審判決は、査察の必要性について、「消防対象物の用途等に内在する危険性、過去の火災事例からの経験則及び管内の防火対象物の数、構造、規模、気候等とこれに対応する消防機関の執行態勢、ほかの採り得る手段等を総合考慮して判断されるべき」と判示している。

Q9 消防機関による立入検査は、どのような場合に国賠法上の違法となり得るのか？

A

立入検査において、比例原則に反して、収集する情報の範囲が必要最小限度を超え、あるいは、調査手段の選択にあたって相手方に過度な負担を強いる場合には国賠法上の違法となることがある。

9 立入検査と国家賠償責任

(1) 立入検査は、行政処分ではないものの、相手方に一定の有形無形の不利益を及ぼす事実行為であることから、時として相手方から種々の抵抗を受ける可能性があることは否定できない。この点、消防による立入検査の違法性が争われた裁判例として、東京地判平成20年10月20日（判時2027号26頁）がある。

本事案は、東京消防庁品川消防署の消防職員らが、原告会社甲が経営する店舗（スポーツ教室）に対して、平成18年10月13日、同年12月19日及び同月20日に実施した消防法第4条第1項に基づく立入検査並びに同年11月1日付け及び同年12月14日付け書面により行った立入検査への立会依頼に、必要性や正当性がなく、原告会社甲の営業を妨害し、原告会社甲及び原告会社甲の代表取締役である原告乙の信用を毀損し、また、原告会社甲の本件店舗の占有を侵害するもので、国家賠償法上違法な行為であるとして、原告らが、東京都に対して、原告乙の精神的損害につき慰謝料70万円及び原告会社甲の無形損害について損害賠償30万円の支払いを求めたものである。

なお、品川消防署は、上記各立入検査に先立つ平成17年7月14日、本件店舗について立入検査を実施し、同年8月4日、原告乙に立入検査結果通知書を送付して違反指摘事項を通知し、改修報告書の提出を求めたものの、原告乙がこれを提出しなかったとの事情もあった。東京地裁は、原告らが、平成17年に本件店舗への立入検査が実施されているから、改めて立入検査を実施する必要がないと主張した点については、「消防法上の火災予防の措置として、資料提出の命令、報告の要求あるいは立入検査のいずれを実施するかは消防署長の合理的裁量に委ねられている」としたうえで、消防法第4条に基づく立入検査を行う必要があるという判断に裁量の逸脱はなく、立入検査や立入検査への立会依頼を行う必要性、正当性は認められ、不当な目的によるとは考えられず、これらの立入検査や立入検査への立入依頼の方法についても相当であったと判示して、原告の請求を棄却する判決を言い渡した。

(2) 上記東京地判は、一般論として「資料提出の命令、報告の要求あるいは立入検査のいずれを実施するかは消防署長の合理的裁量に委ねられている」と指摘しているが、前述した任意調査と同様に、立入検査においても比例原則の適用により、収集する情報の範囲は必要最小限度にとどめることはもとより、調査手段の選択にあたっても、可能な限りの相手方の負担軽減を考慮しなければならず、例えば報告徴収と立入検査のいずれの手段が相手方に対して負担とならないか衡量が要求される（芝池・行政法272頁）。

また、上記東京地判は、品川署員らが、立入検査にあたりインターフォンで原告会社甲に連絡することなく原告会社甲が占有する地下1階ホール部分に直接立ち入って本件店舗のドアを開けたことについては、「配慮に欠ける面があった」と指摘しているが、一方で、品川署員らが、本件店舗の入っているビル所有者に立入検査の許可を得て、他の店舗の協力によりビル内に立ち入り、必要最小限の範囲で地下１階ホールに立ち入ったこと等を理由として、それ以上に違法であったことを否定したことは今後の実務において参考となろう（この点については、品川署長名で配慮に欠けていたことを認めるお詫びの書面が作成されていることを補足しておく。）。

Q10 消防機関による立入検査によって得られた防火対象物の違反情報は、情報公開請求によって開示すべき義務を負うのか？

A

情報公開制度の趣旨と開示によって予測される被害法益とを比較衡量したうえで、必要かつ相当な範囲で、消防機関が保有している防火対象物に関する違反情報を開示する必要がある。

10 立入検査と情報公開請求

(1) 立入検査等によって収集された防火対象物に関する種々の情報は、その後の違反処理手続によって費消・廃棄されてしまうのではなく、消防機関によって一定期間保有されるのが常態である。その意味において、行政調査においては、情報を収集する初動の場面のみならず、収集した情報の管理や開示を巡る問題が恒常的に生じることになる。また、行政文書の開示のための制度としては、文書の閲覧（行手法第18条）、書類閲覧（行審法第33条第2項）、あるいは後述（Q 11）する文書提出命令（民訴法219条以下）のほか、個人情報保護制度による開示の制度がある。こうした種々の法令の規定に基づく照会や開示請求を受けた場合には、当該照会・開示規定と消防法第4条第4項又は地方公務員法上の守秘義務との調整の中で、当該照会等の規定が確保しようとする法益と、消防法や地方公務員法の守秘義務によって確保しようとする法益との個々の事案ごとに比較考量することが必要となる（消防基本法制研究会・逐条消防法53頁）。

一方、情報公開制度とは、国民・住民の請求に基づき、行政機関が保有する情報を公開する制度をいうが、この制度では、誰もが、国・地方自治体の保有する行政文書全般について開示を請求することができ、自己の権利利益を保護するために必要な文書であること（主観性）などは必要とされない客観的な法制度である（芝池・行政法328頁）。

(2)　この点、立入検査によって得られた防火対象物に関する違反情報について、住民による情報公開請求に対する一部不開示決定が争われた裁判例として、立入検査結果通知書等公開請求事件（東京高判平成15年11月27日判時1850号41頁、違反是正支援センター・消防判例集165頁）がある。

茨城県内のA町に住む住民が、いわゆる情報公開条例に基づき、地元のA町長に対し、A町の防災体制の実態を知りたいとの理由で、消防の立入検査結果通知書及び措置命令などを示す文書等の公開請求をした。これに対し、A町長は、条例の「法令秘情報」であることを理由に企業や氏名を特定する部分の開示を拒否し、住民がA町に不服申立てをしたが、棄却された。そこで、住民は、水戸地裁に不開示部分の取り消しを求める訴訟を提起し、水戸地判（平成15年1月28日、違反是正支援センター・消防判例集189頁）は、不開示部分を公開することにより、消防法第4条第1項に基づく立入検査等の事務の適正な遂行に支障を来し、正確な事実の把握を困難にするおそれがあるとの理由により住民の請求を棄却したが、控訴審の東京高裁は、以下のとおり住民の訴えを認めた。

東京高判は、「ひとたび火災が発生すれば、重大な被害が生ずるおそれのある査察対象物を所有ないし管理する以上、消防法令を遵守すべき義務は重いというべきであり、その義務違反の事実を秘すべき必要性は、仮に認められるとしても乏しい」と判断したうえで、A町長が、立入検査の結果を公表すると、以後、相手方が立入検査を拒否することが予想されるから、その後の立入検査が困難となり、従来、立入検査を実施することにより防止し得た火災及び二次被害を防止し得なくなるおそれがあるとの主張に対し、「立入検査を拒む者が現れるということは直ちに想定し難いというべきである。万一、そのような者が現れることがあったとしても、それは極めて例外的な事例に止まると考えられ、そのような極めて例外的な事例の発生の可能性をもって、本件条例7条4号にいう『公共の安全と秩序の維持に支障を及ぼすおそれがある』と認めることはできない」と判示した。また、A町長は、本件不開示情報を開示すれば、防災設備等が不十分な者が特定され、その程度も容易に知り得るところとなるから、放火等の犯罪を企てる者にとっては、格好の放火対象等の選定資料となり、犯罪の発生を助長しかねないとも主張したが、東京高判は、こうしたおそれについて、「具体的な可能性としては極めて乏しいといえる上、本件結果通知書の指摘事項の記載内容は概括的、定型的なものでしかなく、これを知ったからといって、放火等の犯罪の実行にどのように資するのか疑問がある」とし、上記主張は採用することができないと判示した。なお、敗訴判決を受けたA町長は上告しなかったため、判決はそのまま確定した。

(3) 上記判時の解説にも指摘されているとおり、上記東京高判は、消防法に基づく立入検査結果のすべてが当然に開示されるべきである旨の判断を示したものではないが、上記東京高判によって、「もし仮に、本件事例のように、条例に基づき公益上の理由のもとに私人からの公開請求がなされた場合には、通常、これを拒否すべき理由はなく、公開を余儀なくされることになろう」との指摘もある（関東一著「情報公開条例に基づく立入検査結果通知書等の公開請求をめぐる行政争訟事件について（後編）」近代消防

2004年６月号)。

後述する違反公表において取り上げるO－157に関する裁判例のうち大阪地判平成14年３月15日（判タ1104号86頁、判時1783号97頁）は、公表の違法性の判断基準として、｢公表することによる利益と公表することによる不利益を比較衡量し、その公表が正当な目的のために相当な手段といえるかによって判断すべきである」と判示している。情報公開制度による開示請求と違反公表とは、根拠となる法令の有無やその制度目的を異にするが、前者については、特に私人のプライバシーや人権には配慮しつつも、｢国民の的確な理解と批判の下にある公正で民主的な行政の推進に資する」(行政機関の保有する情報の公開に関する法律第１条）ことと予測される被害法益とを比較衡量したうえで、必要かつ相当な範囲で保有している防火対象物に関する違反情報を開示すべきものと考える。

なお、行政機関の長が、個人及び団体（第三者）に関する情報が記録されている行政文書についての開示・非開示の決定をしようとするときは、意見書提出手続が定められているが（行政機関の保有する情報の公開に関する法律第13条)、この意見書提出手続は地方公共団体については適用がない※8。

※８　札幌市情報公開条例第14条は、行政機関の保有する情報の公開に関する法律第13条が定める意見書提出手続と同様の手続を定めている。

Q11 立入検査によって得られた防火対象物の違反情報について、地元の弁護士会を通じて照会を受けた場合、消防機関は回答すべき義務を負うのか？

A

消防機関が、照会に対する回答・報告を正当な理由なく怠り、申出弁護士の業務遂行の利益や、依頼者の裁判を受ける権利ないし司法手続により紛争を解決する利益が侵害されたと評価し得る場合には、損害賠償責任を負うことがあり得る。

1 立入検査と弁護士会照会

(1) 司法機関から消防機関に対する照会手続は、大きく刑事事件と民事事件に分かれるが、刑事事件については、刑訴法第197条第２項が、「捜査については、公務所又は公私の団体に照会して必要な事項の報告を求めることができる」として捜査機関からの任意の照会手続を定めている。また、同法第218条は、捜査機関による強制捜査として「検察官、検察事務官又は司法警察職員は、犯罪の捜査をするについて必要があるときは、裁判官の発する令状により、差押、捜索又は検証をすることができる」と規定している。

一方、民事事件における任意手続としては、裁判所が、必要な調査を官庁若しくは公署、外国の官庁若しくは公署又は学校、商工会議所、取引所その他の団体に嘱託することができる調査嘱託（民訴法第186条）や、文書の所持者にその文書の送付を嘱託することが規定されているほか（同法第226条）、強制手続としては文書提出義務（同法第220条）や過料の制裁を伴う文書提出命令（同法第223条、225条）がある。

なお、地方公共団体が定める個人情報保護条例には、個人データの第三者提供制限の例外として「法令に基づく場合」が規定されている（個人情報保護法第23条第1項第1号、行政機関の保有する個人情報の保護に関する法律第8条第1項参照）。この「法令に基づく場合」には、①情報を第三者に提供することが義務付けられている場合として、（ア）法令上、提供義務が明記されている場合（前述した民訴法上の文書提出命令や所得税法第225条第1項等に基づく税務署長に対する支払調書の提出等）、（イ）行政機関の報告徴収・立入検査等又は第三者からの開示請求等に応じることが間接的に強制されている場合（所得税法第234条第1項等に基づく税務官署等が行う質問検査への対応等）及び（ウ）提供義務があると解される場合（前述した刑訴法第197条第2項に基づく捜査関係事項の照会等）のほかに、②法令の規定で提供そのものが義務付けられているわけではないが、第三者が情報の提供を受けることについて法令上の具体的な根拠がある場合（刑訴法第197条第1項に基づく捜査機関が行う任意捜査やその他の行政機関の行う任意調査等）が該当すると考えられる事例としてあげられている（園部逸夫編集「個人情報保護法の解説〔改訂版〕」ぎょうせい・148頁）。

⑵　この点、民事事件における文書提出義務の範囲が問題となった最高裁判例（最三小決平成17年10月14日民集59巻8号2265頁）がある。

民訴法第220条では、公務員の職務上の秘密に関する文書（(a) 公務秘密性要件）でその提出により公益の利益を害し、又は公務の遂行に著しい支障を生ずるおそれがある（(b) 公益利益侵害・公務遂行阻害性要件）ものは提出義務が否定されている。この点、労災事故の事実関係を明らかにするため、国に対し、当該労災事故の災害調査復命書につき文書提出命令がなされた事案について、最高裁は、同復命書のうち、①事業場の名称、所在地、代表者名及び安全衛生管理体制、労働災害発生地、発生年月日時、被災者の職・氏名・年齢」「災害発生状況」「災害発生原因」について、本件調査担当者において、被告会社の代表取締役や労働者らから聴取した内容、被告会社から提供を受けた関係資料、本件事業場内での計測、見分等に基づいて推測、評価、分析した事項は、前記（b）の要件には該当しないとして、提出義務を肯定したが、②再発防止策、行政指導の措置内容についての本件調査担当者の意見、署長判決及び意見等は、前記（a）及び（b）のいずれの要件に該当するとして文書提出義務を否定した。こうした判例を見る限り、防火対象物にかかる査察台帳等の関係文書のうち、当該防火対象物に関する名称、所在地、所有者・占有者、防火管理体制、違反内容、質問調書、関係者から提供を受けた資料等は文書提出命令の対象となる可能性が高いが、当該防火対象物の違反是正に向けた査察担当者の意見や消防機関としての方針、捜査機関との事前相談の内容等を記した内部文書は、文書提出義務を否定されるものと思料する。

(3)　次に、弁護士法第23条の２は、「弁護士は、受任している事件について、所属弁護士会に対し、公務所又は公私の団体に照会して必要な事項の報告を求めることを申し出ることができる。申出があった場合において、当該弁護士会は、その申出が適当でないと認めるときは、これを拒絶することができる。」と規定し、個々の弁護士が、所属弁護士会を通じて関係機関に照会できる制度を設けている。なお、弁護士白書2018年版（日本弁護士連合会編）によれば、平成29年１月から12月までの１年間に全国の弁護士会が行った照会件数は210,898件に及ぶ。

弁護士に対して明文規定でこのような照会に関する権限を認めているのは、おそらくわが国独自の制度といわれているが（日本弁護士連合会調査室編「条解弁護士法〔第4版〕」弘文堂160頁)、その趣旨は､「弁護士が受任事件について、訴訟資料を収集し、事実を調査する等その職務活動を円滑に執行処理するために設けられた制度であって、弁護士が、基本的人権を擁護し社会正義を実現することを使命とするものであることに鑑み、右照会の制度もまた公共的性格を有し、弁護士の受任事件が訴訟事件となった場合には、当事者の立場から裁判所の行う真実の発見と公正な判断に寄与するという結果をもたらすことを目指すもの」(大阪高判昭和51年12月21日下民集27巻9～12号809頁、判時839号55頁）である。また、弁護士法上は照会先に対して報告義務を強制する直接・間接の手段について規定はないが、照会先が正当な理由なく回答を拒否した場合には、訴訟に発展する可能性があることに留意する必要がある。

この点に関し、岐阜地判平成23年2月10日（金融法務1988号145頁）は、消防署による救急搬送中患者が死亡したため、相続人より依頼を受けた弁護士が、この消防署長に対し、愛知県弁護士会を通じ弁護士照会をもってこの救急活動の内容につき開示を求めたところ、消防署長が、県条例の個人情報開示制度の存在を示して、個人に関する情報であり、回答できないと回答を拒否したため、相続人らが、岐阜県を被告として、行訴法第4条及び第39条に基づく本件拒否回答が違法であることの確認、同法第3条第6項第2号及び第37条に基づく本件照会への回答の義務付け並びに国家賠償法第1条第1項に基づく慰謝料等の損害賠償を求めた事案である。判決は､「弁護士照会の被照会者が、照会に対する回答・報告を正当な理由なく怠り、申出弁護士の業務遂行の利益や、依頼者の裁判を受ける権利ないし司法手続により紛争を解決する利益が侵害されたと評価し得る場合には、被照会者は、これにつき損害賠償責任を負うことがあり得る」とし、相続人及び弁護士に対する損害賠償責任を認めた。

他方、労働者の解雇事件について、会社側の代理人弁護士が所属弁護士会を通じて区役所に当該労働者の前科・犯罪歴を照会したところ、区役所が前科を報告したことから、当該労働者が、名誉・プライバシーを侵害されたとして、市を被告として損害賠償を求めた事案において、最高裁（最判昭和56年4月14日民集35巻3号620頁、判時1001号3頁）は、前科・犯罪経歴が「人の名誉・信用に直接かかわる事項であり、前科等のある者もこれをみだりに公開されないという法律上の保護に値する利益を有する」と示したうえで、このような場合に、「市区町村が漫然と弁護士会の照会に応じ、犯罪の種類、軽重を問わず、前科等のすべてを報告することは違法な公権力の違法な行使にあたる」として、原審が示した損害賠償責任（慰謝料20万円、弁護士費用5万円）を認めた。一方、本判決は、前科等の照会を受けた場合の報告義務の有無には直接触れず、前科等の有無が訴訟等の重要な争点となり、市区町村長に照会して回答を得るのでなければ他に立証の方法がないような場合、報告することも「許されないわけではない」とも判示しており、弁護士会照会制度の持つ公共性に一定の配慮をしつつ、前科等を有する者のプライバシー権との調整を図るため、市区町村長が前科等を報告することが許される要件を厳格に解したものといえる（小原健他著「名誉・信用毀損・プライバシー侵害紛争事例解説集」新日本法規出版268頁）。

(4) 以上のとおり、消防機関が立入検査により入手した防火対象物に関する情報について司法機関から照会を受けた場合には、その根拠となる法令や制度趣旨を十分に理解したうえで、開示の対象となっている情報が「特定の個人を識別できる」情報か否かに加えて、第三者提供の制限の例外の該当性、回答することによって照会者が得る利益、防火対象物の関係者の名誉・プライバシー侵害の可能性[※9]、経済的不利益等を慎重に検討して適切に対応することが求められる。

※９　新潟地判平成18年5月11日（判時1955号88頁）は、「プライバシー等が侵害されたというためには、……個人情報が個人識別性を有することが必要である」と判示している（防衛庁リスト事件）。

コラム１　グループホーム火災刑事裁判を巡る証人尋問

1．平成22年３月、札幌市北区の認知症グループホーム「みらいとんでん」が全焼し、入居者７人が死亡した火災が起きました。その後、業務上過失致死罪に問われた施設運営会社社長に対して、平成29年７月27日、控訴審である札幌高等裁判所は、禁固２年・執行猶予４年の判決を言い渡しました。

この控訴審判決は、第一審の札幌地方裁判所が、出火原因が特定できないと判断して無罪とした判決を破棄し、施設運営会社社長の過失を認定し、有罪の結論を導きました（その後、施設運営会社社長が上告しましたが、平成31年５月に最高裁判所が上告棄却決定をして控訴審判決が確定しました。）。

2．第一審判決と控訴審判決の判断の分かれ目は、当時一人で夜勤をしていた女性従業員の目撃証言の信用性でした。検察側は、出火原因について、女性従業員の証言をもとに「当時89歳の男性入居者がストーブの上にパジャマ等を置いた」と主張したのに対し、第一審判決は、当時、男性入居者が歩行困難な状態にあったことなどを理由に、目撃証言の信用性を認めませんでした。ところが、控訴審は、男性入居者が歩行していたとする介護記録があり、火災現場の状況とも一致するなどと指摘し、女性従業員の証言には高度の信用性があると判断し、検察側が主張している出火原因を肯定したうえで、施設運営会社社長が、入居者らが火災の原因となる危険な行動をとり、火災を発生させる可能性を予見できたにもかかわらず、より安全性の高いストーブに交換するなどの対策を怠ったとして、過失責任を肯定しました。

3．２つの判決の有罪・無罪の是非に言及することは差し控えますが、これら２つの裁判の中で、消防職員２名が証人として出廷し、証言したことを紹介しておきたいと思います。まず、第一審では、119番通報した女性従業員に最初に接触した救急隊員が証人として出廷し、当時の女性従業員の様子や発言について証言しましたが、救急隊員は、女性従業員を救急車内に収容した後、同人から、「おしめを交換しているとき、認知症の入居者がストーブに洗濯物をかけていた。消火器で消そうとしたが、消せる状況でなかった。」と聴取したことなどを述べていました。この証言は、火災直後の聴取内容であることから、記憶の上書き等が介在する可能性は低く、聴取事実自体には信用性が認められるものの、救急隊員が出火場面を直接目撃したものではなく、女性従業員からの又聞き（いわゆる伝聞証拠）であることから、残念ながら、出火原因を認定する証拠としてはそれほど高い価値があったとはいえません。

4．一方、控訴審で証人として出廷した火災調査員の消防職員は、火災原因の判定について事細かに尋問を受けていました。特に弁護人側からは厳しい尋問が相次ぎ、例えば、火災原因としてタバコによる失火を否定した理由や、ストーブの周囲に干してあった洗濯物等が火災によりストーブに接触した可能性について執拗に証言を求められていました。裁判における証人は、自ら見聞・経験した事実について証言することが基本となることから、火災原因の判定に関しての推論や意見を求めることはむしろ例外といえるのですが、実際の裁判では事実と意見との境界線が曖昧にされていることが多く、裁判官や当事者から異議が出ないかぎり、幅広く証言を求められることが一般的です。また、刑事裁判では特に直接主義※10が重視され、伝聞法則※11が採用されているため、消防職員の作成した火災原因判定書や質問調書が証拠として採用されない場面も想定され、本件でも火災原因判定書が裁判の証拠として顕出されない中で消防職員は多岐にわたる証言を余儀なくされました。人間の記憶力の限界や時間経過による記憶の改変可能性を考えると、直接主義が真実に近づくための制度として優れているのか個人的にはいささか疑問がありますが、今後は、消防職員が裁判の証人となる場合を想定した模擬裁判などを取り入れた研修や証人対応マニュアルを策定しておく必要があるのかもしれません（なお、証人尋問シナリオについては、後記Ⅵ巻末付録を参照）。

※10　判決をすべき裁判官が自ら当事者の弁論を聞き証拠調べを行うものとする原則（藤木英雄他編「法律学小辞典（増補版）」）。

※11　被告人の反対尋問の機会にさらされていない供述証拠（伝聞証拠）の証拠能力を制限するとする原則（刑訴法第230条）。

N
NW
NE
W
E
SW
SE
S

Ⅱ　行政指導

「私がさらに遠くを見ることができたとしたら、
それはたんに私が巨人の肩に乗っていたからにすぎません」

（ニュートン　1676年2月5日　ロバート・フック宛書簡）

Q12 消防機関が防火対象物の関係者に対して行政指導を行うためには、消防法令上の根拠規定が必要なのか？

A

消防機関による行政指導のほとんどは、比例原則の見地から命令権限の行使に先立って行われるものであり、法律の根拠がなくとも行うことができる。

1 行政指導の概要

(1) 行政指導は、現在もなお違反処理の中核として位置付けられており、任意調査や立入検査によって消防機関が覚知した違反を命令権や代執行などの法的権限を行使せずに、相手方に任意に改善するよう求める作用を意味する。平成５年に行手法が制定されるまでは、行政指導の定義づけや範囲について多少の差異があったものの、同法の制定によって、行政指導は、「行政機関がその任務又は所掌事務の範囲内において一定の行政目的を実現するため特定の者に一定の作為又は不作為を求める指導、勧告、助言その他の行為であって処分に該当しないものをいう」と定義された（同法第２条第６号）。

こうした行政指導が、行政実務上、広く行われている理由としては、本来強制力を発動できる場合であっても、まず行政指導によって、相手方の了解を得て、行政目的を実現していく方が、スムーズに行政目的を達成できる場合が多いことや、社会的需要により、法律がその全ての現象に対処することができないので、そうした法の穴を行政指導によって埋めているとの指摘がある（木下・新消防行政17頁）。

(2) また、これまでの判例において、行政指導の実施には授権規定（根拠規範）は必要ないとの判断が示されおり、品川区マンション訴訟（最三小判昭和60年7月16日民集39巻5号989頁）においても、建築基準法に根拠規定がない行政指導について、「当該地域の生活環境の維持、向上を図るために、建築主に対し、当該建築物の建築計画につき一定の譲歩・協力を求める行政指導を行い、建築主が任意にこれに応じているものと認められる場合においては、社会通念上合理的と認められる期間建築主事が申請に係る建築計画に対する確認処分を留保し、行政指導の結果に期待することがあつたとしても、これもつて直ちに違法な措置であるとまではいえないというべきである」と判示し、学説も一般に同様の見解を示している。一方、私人の違法行為是正のための指導のうち命令権限を背景としないものであっても、それが単に違法の指摘にとどまらず、規制的な力をもって何らかの行為を求めるものである場合には、法律の根拠を必要とする指摘もある（芝池・行政法256頁）。

(3) 消防機関による行政指導のほとんどは、比例原則の見地から命令権限の行使に先立って行われるものであり、指導そのものについて法律の根拠がなくとも行うことが首肯されることから、根拠法令の違反を観念することはできない。しかしながら、後述（Q14）するとおり、行政指導は、行政目的を達成するに必要な場合に、これに必要な限度と方法においてなされる限りにおいて適法となることに十分留意する必要がある。

ちなみに、行手法第35条は、行政指導においては、当該指導の趣旨・内容・責任者を明確に示さなければならず（行政指導の明確性の原則）、当該行政指導が口頭でされた場合においては、相手方から求めがあれば、行政上の特別の支障がない限り、これらの事項を記載した書面を交付しなければならないものと定めている。行手法の目的である「行政運営における公正の確保と透明性の向上を図り、もって国民の権利利益の保護に資する」との観点に照らしても、査察に関する行政指導を行うにあたっては、原則として相手方に書面を交付すべきであろう。

Q13 消防機関による違法な行政指導に対して、その相手方は取消訴訟や差止訴訟によって救済を求めることができるか？

A

行政指導が相手方の任意の協力を期待して行われるものである限りは、行訴法上の処分性が否定されることから、取消訴訟や差止訴訟の対象とはなり得ない。

2 行政指導と抗告訴訟等との関係

(1) 消防により具体的な作為や不作為を求める行政指導が違法である場合、相手方が、当該行政指導に対して、行訴法第３条の定める取消訴訟や差止訴訟を提起して争うことができるかという法的論点がある。この場合、対象となる行政指導が「行政庁の処分その他公権力の行使に当たる行為」(同法第３条第２項) に該当するか否か、すなわち、当該行政指導に処分性が認められるかが問題となるところ、前述のとおり、行手法が、行政指導を「行政機関がその任務又は所掌事務の範囲内において一定の行政目的を実現するための特定の者に一定の作為又は不作為を求める指導、勧告、助言その他の行為であって処分に該当しないもの」と定義していることからも、それが相手方の任意の協力を期待して行われるものである限りは、処分性が否定されるとされている（南＝高橋・行政事件訴訟法47頁)。

(2) しかしながら、具体的な指導等に従わないことが法令上の処分や措置の発動要件となっている場合には、当該指導の処分性が肯定されている裁判例も散見されることには注意が必要である。例えば、横浜地判平成12年9月27日（判例地方自治217号69頁）は、指導・勧告を受けた放置船舶の所有者等がこれに従わない場合の当該船舶の移動措置を授権する規定があることを根拠に、当該指導・勧告の規定は「権利義務に影響を及ぼす移動措置の要件となっている上、移動措置自体は争うことはできないので、例外的に右指導又は勧告は抗告訴訟の対象たる行政処分に当たる」と判示している。

また、学説には、行政指導のうち、それに対する不服従に対し制裁が予定されているような強い規制的な力をもったものについては、救済の機会を保障するため取消訴訟を許容する必要があるとする見解もある（芝池・行政法262頁）※1。仮に、後述する消防法令違反の公表（**Q 16**）が、制裁的公表と評価される場合には、その前提となる行政指導が取消訴訟の対象となる可能性がある。

(3) なお、行政指導に対する救済という点では、平成26年に行手法が改正されたことによって、その根拠となる規定が法律に置かれているものに限り、法令に違反する行為の是正を求める行政指導の相手方は、当該行政指導が当該法律に規定する要件に適合しないと思料するときは、当該行政行為をした行政機関に対し、その旨を申し出て、当該行政指導の中止その他必要な措置をとることを求めることができることとなった（同法第36条の2第1項）。消防による行政指導は消防法にその根拠が法定されたものではないので、同条所定の手続の対象とはならないが、行政指導の相手方から法令違反等の指摘を受けた場合には、これを軽視することなく真摯な態度をもって対応検討することが必要となろう。

※1　最二小判平成17年7月15日（民集59巻6号1661頁）は、医療法第30条の7に基づく病院開設中止の勧告（これに従わないと保険医療機関の指定を受けられない可能性がある）について取消訴訟を認めている。

Q14 消防機関による違法な行政指導があった場合、国家賠償責任を負うことがあるのか？

A

行政指導が、その任務及び所掌事務の範囲内において、行政目的を達成するに必要な限度と方法において行われており、相手方の権利を不当に侵害するものと認められない限り、違法とはならない。

3 行政指導と国家賠償責任

(1) 違法な行政指導により損害を被った者が国賠法第1条第1項に基づき国家賠償請求をする場合には、まず当該公務員の行為が、「公権力の行使に当る」ことが必要となる。かかる公権力の意義については、学説上、非権力的公行政作用はこれに含めない狭義説、非権力的公行政作用をも含ませる広義説、すべての国・公共団体の作用を「公権力の行使」と解する最広義説の3つの類型があるが（芝池・行政救済法201頁）、行政指導の公権力性はこれまで多くの裁判例でも認められており（例えば、東京地判昭和59年5月18日判時1118号28頁）、最高裁（最判平成5年2月18日判時1506号106頁）もまた、市がマンションを建築しようとしている事業主に対して指導要綱に基づき教育施設負担金の寄付を求めた行為を、これに従わない事業主には水道の給水を拒否するなどの制裁措置を背景としており、本来任意に寄付金の納付を求めるべき行政指導の限度を超え、違法であると判示している。このとおり、通説とされている前記広義説や裁判実務に立つ限り、行政指導が公権力の行使に当たることは首肯される。

⑵　次に、どのような行政指導をもって違法と判断されるのか、その基準を取り上げておく。一般に行政指導は、国民の権利、義務、法律上の地位に直接かつ具体的な影響を及ぼすものでない事実上の行為であり、しかも、それに応ずるか否かは国民の自由な意思によるものであるから、手続や形式違背があったとしても、直ちに行政指導それ自体が違法とされる余地は少ないとされている（国賠訴訟実務研究会・国家賠償訴訟162頁）。一方で、行政指導は、「その任務及び所掌事務の範囲内」で行うものであって、行政機関の権限を越える場合、換言すれば、組織法上の権限を逸脱する場合や、比例原則、平等原則、信義則などの条理法に反する場合にも違法との評価を受ける（深見・国家賠償訴訟167頁）。

⑶　こうした行政機関の権限の逸脱については、裁判例では行政指導の必要性・相当性に言及して取り上げられている傾向があり、仙台高裁秋田支判昭和60年３月26日（民集43巻11号1539頁）が、石油業法による行政指導について、「一般には行政目的を達成するに必要な場合、これに必要な限度と方法においてこれをなすことを要し、その限りで行政指導は適法であると解される」と判示している。また、東京高判昭和61年１月29日（判時1183号93頁）は、建築確認申請に対する行政指導について、「行政指導は法律の根拠がない場合であつても、それを行うにつき相当な理由がある場合にはこれをなし得るものであり、建築確認申請の処理にあたつて行政指導がなされる場合においても、当該建築申請に関し紛争が存在し、当該紛争を調整するにつき相当な理由があり、かつ当該紛争の内容、紛争の調整に対する当事者の対応状況、調整期間の長短などの諸般の事情を総合して、当該行政指導が建築確認申請者の権利を不当に侵害するものと認められない限り、右行政指導をもつて一概に違法なものということはできない」と判

示している。

なお、行政指導の違法性の判断にあたっては、いわゆる職務行為基準説、すなわち、公務員が職務上通常尽くすべき注意義務を尽くすことなく漫然と当該行為をしたと認め得るような事情がある場合に限り違法との評価を受けるとの考え方が適用されることも念頭に置く必要がある。従って、違反処理にあたって行政指導（警告を含む。）を行うにあたっては、違反の性質やその継続期間、関係者の態度、予測される危険の程度等を踏まえてその必要性・相当性を十分に検討したうえで、その手段や方法が比例原則や平等原則、信義則などの一般法理に抵触していないか否かについて、予防業務に従事する消防職員として職務上通常尽くすべき注意義務を尽くすことが強く要請されることになる。

(4) なお、行政指導の過程においては、防火対象物の関係者らとの間で厳しい対立の場面に遭遇することも珍しくはなく、時には悪質なクレーマーや不当要求行為者というべき人物が登場することもある。こうした場合、査察を担当する消防職員が、どのような防衛策を講じることが許容されるかという、行政指導の違法性の限界を巡る悩ましい問題に直面することになる。

この点、まず、庁舎内の録音・録画の可否については、行政の庁舎管理権を根拠として、「不当要求行為は、行政の円滑な業務の遂行を阻害するものであることから、録音・録画は当然認められるべきものです。不当要求行為者のプライバシーとの関係については、行為者の正当な要求行為という範疇を超えた社会的相当性を欠く行為であることから、不当要求行為を録音・録画することは許容されるといえます」（行政対象暴力問題研究会編著「行政対象暴力Q＆A（改訂版）」ぎょうせい・46頁）との指摘がある。

また、相手方との電話による会話内容の録音の可否については、「電話によって通信している当事者間においては、互いに、電話で会話していますから、電話での会話内容については、話している当事者なので当然ですが、互いに知っています。したがって、電話会話の当事者間においては、会話内容の秘密性はありません。ですから、一方の当事者が他方の当事者には内緒で、秘密に、会話内容を録音して、これを利用したとしても、通信の秘密を害したことにはなりません（最判平成12年7月12日判タ1044号81頁）（深澤直之著「悪魔の呪文『誠意を示せ！』」東京法令出版・159頁）との見解も示されている。

以上のような見解を踏まえつつ、消防法令違反が認められる防火対象物の関係者が、自らの不当な要求を実現するために社会相当性を逸脱するような行動に及んだ場合には、適切に録音・録画等の対策を講じる一方で、捜査機関や弁護士と早期に相談・協議を行い、躊躇することなく公務執行妨害罪（刑法第95条）や脅迫罪（同第222条）、強要罪（同223条）等を根拠として告訴・告発[※2]等の法的措置を講じるべきである。

※2　刑事告発の概要については、Q 24参照。

Q15 消防機関が、適切に行政指導を行わなかったこと（行政指導の不実施）によって国家賠償責任を負うことがあるのか？

A

消防機関が、具体的事情のもとで一定の内容の行政指導をしなかったことが、その行政指導により達成すべき行政目的の重大性、その行政指導の行政目的に対する実効性及び当該行政庁の果たす役割等に照らし、著しく不合理であるといえるような場合には、国家賠償法上違法と評価されることがあり得る。

4 行政指導の不実施と国家賠償責任

(1) 行政指導については、過去において、行政指導の不実施と国家賠償責任との関係が争われた裁判例が散見されるが、水俣病による生命・身体・健康被害に関する国家賠償責任が問われた事例として、東京地判平成４年２月７日（判時・臨時増刊平成４年４月25日号）がある。同判決は、行政指導と国家賠償責任の関係について、「このような法令上の直接の根拠規定を欠く行政指導は、行政指導の主体、客体、内容あるいは実施方法等について全く規定がないのであるから、行政指導をするかどうか、するとした場合、いかなる時期にいかなる方法で行うかは、原則的には当該行政庁の裁量に委ねられているものというほかはなく、また、このような行政指導は法的強制力をもつものではないとい え、事実上の強制的要素を伴うのが通例であるから、相手方の営業の自由等にも十分に配慮した上で慎重になされるべきであって、行政指導をなさないことが行政庁の義務の懈怠となることは原則としてないというべきである」と判示したうえで、行政指導の不実施が国家賠償責任を負う場合として、以下のとおり示している。

「しかし、およそ行政庁に行政指導をなすべき作為義務が発生することがあり得ないかは、更に検討を要する問題である。国民の生命、身体、健康に対する差し迫った重大な危険が発生していながら、それが既存の法令がおよそ想定していないような事態であるためにこれに適切に対応するための法令がなく、それに対応するための新たな立法措置をまっていては国民の生命、身体、健康に対する切迫した危険が現実化するおそれが濃厚であるという事態があり、組織規範上の所掌事務からみて関係者に対して被害回避のための行政指導をなし得る立場にある行政庁が右の事態を認識した場合において、被害回避のための関係者の自主的対応には期待できないが、右行政庁が合理的根拠を示して被害回避のための一定の行政指導をしたならば、関係者においても通常それに従うであろうと推測することができる事情があり、そのような行政指導をすることを行政指導の相手方以外の国民においておしなべて期待しているとみられる、といった極めて限定された状況がある場合には、右行政庁が関係者に対し被害回避のための必要最小限度の指導勧告をなし、あるいはその他適切な行政措置をとることが、国民に対する義務ともなり、それを怠ったがために当該国民に損害が発生したときは国家賠償責任を負うこととなる場合があるというべきである」

また、上記東京地判については、「法定外の行政指導の場合は、行政指導を行うべき要件、内容等が明らかでなく、法令上の規制権限の場合よりも裁量が広いことや作為義務の根拠が条理であること等に鑑み、規制権限不行使の場合よりも要件を厳格化し、『極めて限定された状況』等において例外的に作為義務を認めるとするもの」との指摘もある（宇賀＝小幡・国家賠償法411頁）。

(2) 通常の違反処理において、通知や警告等の行政指導を経ずに措置命令を発することは、比例原則に抵触するおそれがあることから、消防法第５条の３の物件除去命令を除けば極めて稀有な事例といえる。そして、一般的には、行政指導は、その内容自体が行政庁の裁量的判断に委ねられ、かつ、相手方に対する強制力のないものである以上、行政庁が、個別の国民に対する関係で、一定の内容の行政指導をすべき法的義務を負うことは通常は考え難い。しかしながら、上記東京地判のような極めて限定された状況において、行政指導の作為義務が生じる可能性があることは念頭に置く必要がある。この点、貸金業者に対する行政指導の不実施と国家賠償責任との関係が争われた裁判例（大阪地判平成９年10月17日判タ962号118頁）は、以下のとおり判示している。

「行政庁が法律に根拠のない行為をしないことがいかなる場合も違法とはならないとまでいうことはできず、具体的事情のもとで、一定の内容の行政指導をしなかったことが、その行政指導により達成すべき行政目的の重大性、その行政指導の行政目的に対する実効性及び当該行政庁の果たす役割等に照らし、著しく不合理であるといえるような場合には、その不作為は、国家賠償法上違法と評価される余地があり得る」

(3) 上記大阪地判の法理によれば、例えば、火災による人命危険が極めて切迫した場面においては、行政指導を経ずに直ちに防火対象物の使用停止等の適切な措置命令を行うことが求められるが、その場に居合わせた当該消防職員に下命や委任等によって当該命令権限が付与されておらず、口頭命令もできない等の非常事態においては、当該消防職員に対して、漫然と放置することなく関係者に対して合理的根拠を示して被害回避のための一定の行政指導を行うべき作為義務が生じることもあり得る。

Q16 警告等の行政指導に従わない防火対象物について、消防機関がホームページ等で違反事実を公表した場合に、違法を理由として国家賠償責任を負うことがあるのか？

A

公表行為については、信用毀損や経済的利益の侵害の結果が生じたからといって直ちに違法性を肯定することはできず、当該具体的事情の下で、当該公表が職務上尽くすべき注意義務を尽くすことなく漫然となされたと認め得るような事情があることを要する。

5 消防法令違反の公表と国家賠償責任

(1) 現在、多くの消防機関において重大な消防法違反が認められる防火対象物について、警告時点でホームページ等により公表する運用を行っている。令和元年度消防白書によれば、平成25年12月通知による「違反対象物の公表制度」は、特定防火対象物で、スプリンクラー設備、屋内消火栓設備又は自動火災報知設備の設置義務があるにもかかわらず未設置であるものについて、市町村の条例に基づき、市町村のホームページに法令違反の内容等を公表する制度であり、平成27年4月には全ての指定都市において公表制度が開始され、平成30年4月から、管轄人口が20万人以上の全ての消防本部においても公表制度が開始されたとされている。

(2) 行手法上は、「行政指導に従わなかったことを理由として、不利益な取扱いをしてはならない」(同法第32条第2項）としつつ、近時の法律では、相手方が行政指導に従わなかった場合にその事実等を公表するという規定が設けられることもある（国土利用計画法第26条に基づく公表等）[※3]。また、総務庁行政管理局編・逐条解説行政手続法〈増補新訂版〉〔ぎょうせい〕(210頁）は、相手方の自主的な措置を促すための事実上（法律上の根拠なく）行われる公表については、国民に対する情報提供機能を有する一方で、公表されることにより経済的な損失を与えるなどかなりの不利益を被ることもあってその相手方に対する社会的制裁として機能する面があり、行政指導に従わなかったことを理由とした公表については、何を公表するかにもよるが、「不利益な取扱い」に当たる場合があるとする。

(3)　このように国民の生命身体の安全にかかわる情報を公開することが求められる要請（公表の情報提供機能）がある一方、国や自治体が情報を公表することの是非が裁判で争われる事案も散見される。特に、個別法上の規定が設けられていない場合、行政指導の実効性を担保する手段としての公表の適否が争われた事案の一つとして、腸管出血性大腸菌O－157の原因公表事件（東京高判平成15年5月21日高民集56巻2号4頁他）がある。

平成8年に大阪府堺市内で多数の学童が罹患した病原菌O－157食中毒事件が発生し、2名の女児が死亡した。厚生大臣（当時）は、同年8月7日の記者会見で学校給食の食材である貝割れ大根が原因食材と断定できないが、その可能性も否定できないと公表した。その後、厚生省（当時）は、調査等を踏まえて、原因食材は特定の生産施設から出荷された貝割れ大根の可能性が最も高いと公表したが、学校が保存していた検体等からもO－157は検出されなかったため、生産者団体等は東京地裁に、当該生産者は大阪地裁に損害賠償請求訴訟を提起した。

※３　阿部・行政法解釈学Ⅰ（601頁）は、「行政指導に従わなければ公表するとの制度は、行政指導に従わなかったために不利益な取り扱いをすることであるから、法律に規定がない場合には、明らかに違法である（行手法第32条第2項)」と指摘している。

まず、こうした公表について法的根拠が必要か否かという点について、前掲東京高判は、「本件各公表は、現行法上、これを許容し、又は命ずる規定がみあたらないものの、関係者に対し、行政上の制裁等、法律上の不利益を課すことを予定したものではなく、これをするについて、明示の法的根拠を必要としない」と判示した。また、前掲東京高判は、公表の違法性の基準については、「本件各報告の公表は、なんらの制限を受けないものではなく、目的、方法、生じた結果の諸点から、是認できるものであることを要し、これにより生じた不利益につき、注意義務に違反するところがあれば、国家賠償法1条1項に基づく責任が生じることは避けられない」と判示した。

(4) 次に、消防機関による公表が問題となった裁判例として、広島地判呉支昭和56年3月26日（火災原因調査発表損害賠償請求事件）がある。本事案は、昭和51年に呉市内の木造アパートから出火し、周囲の建物に延焼した火災事故について、消防局と警察署が、出火原因をアパートに居住する者の母親が電気コードを誤って差し込んだことが原因であると公表して、新聞の記事に掲載されたところ、その母親である原告が、警察と消防の誤った火災原因の公表により名誉を毀損されたとして、国家賠償訴訟を起こした。裁判所は、消防局が推定された火災原因を公表し、断定的に公表したものではないことや、その推定が合理的根拠に基づいており、類似火災発生の予防という専ら公共の利益を図るためになしたものであるなどとして、原告の訴えを棄却した。

(5) 以上のとおり、公表行為については、信用毀損や経済的利益の侵害の結果が生じたからといって直ちに違法性を肯定することはできず、これが違法であると認めるには、当該具体的事情の下で、当該公表が職務上尽くすべき注意義務を尽くすことなく漫然となされたと認め得るような事情があることを要する（いわゆる職務行為基準説）と解すべきであり、不必要又は不相当に他人の信用や経済的利益を侵害した場合にはじめて違法と評価される（最判平成５年３月11日民集45巻６号1049頁、最判平成11年１月21日判時1675号48頁、最判昭和60年５月17日民集39巻４号919頁）（国賠訴訟実務研究会・国家賠償訴訟167頁）。

また、藤山＝村田・行政争訟（27頁）は、公表の違法性判断に当たっては、その公表が制裁目的か情報提供目的かという抽象的な目的だけによって判断するのではなく、①当該公表の具体的な目的、②行政指導により相手方に求められた内容が法的義務違反の是正を求めるものか否か、その内容の公益性や緊急性の存否・程度、これに対する不協力の評価、③公表の対象となる内容（その性質・真実性）、公表の方法・態様、公表の必要性、相手方に対する事前の手続的配慮の有無、公表によって受ける不利益とその情報の提供を受ける利益との比較衡量、その他の制裁的取扱いとの比較衡量等を踏まえて、総合的かつ個別的に判断されるべきであるとする。

(6)　行政法では、講学上、行政上の義務の違反・不履行又は行政指導に対する不服従があった場合に、その事実を一般に公表することにより、違反者に対する制裁としての意味をも持たせるものは「制裁的公表」（公表の制裁的機能）として分類されている。この点に関しては、「公表の実施機関の意思を基準として当該公表の機能が判別されることになると、情報提供を装いながら実質的には制裁として公表が行われることになりかねない」（小早川＝青柳・判例行政法１・308頁）との指摘があるほか、現在の消防法違反に伴う公表制度については、国民に対する情報提供とともに、義務違反者に対する制裁的性格や間接的圧迫という強制効果も併有しているとの見解もある。そのうえで、こうした「制裁的公表」について、その制裁的機能・侵害的機能からして、あるいは、間接強制の一態様と位置付けることにより、法律の根拠を要するとの有力な見解（小早川光郎著「行政法上」弘文堂252頁）に照らせば、「法律の留保」の原則に従い、違反公表について法律あるいは条令の法的根拠を予め付与しておくことが実務上も望ましい運用といえるだろう。

(7)　なお、行政指導の実効性を確保するためにこれに対する不服従の場合に行われる制裁的公表が抗告訴訟（取消訴訟）の対象になるかという問題については、それ自体間接強制の一つとして抗告訴訟の対象となる見解もあるが（雄川一郎・行政の法理〔昭和61年・有斐閣〕230頁）、それ自体が直接法律効果を有するものではない以上、制裁的公表が抗告訴訟の対象となると解するのは困難であると解されている（藤山＝村田・行政争訟20頁）。

コラム2　消火活動に係る損害賠償請求事件

1．著者が、被告（札幌市）の代理人として関わった訴訟の一つに、消火活動に伴う損害賠償請求事件（札幌地方裁判所平成23年（ワ）第1902号公刊物未登載）がありました。本件は、ビル火災の消火活動中にホースの穴から漏れた水溜まりに足を滑らせて転倒した原告が、札幌市に対して傷害等による損害の賠償請求を求めた事案ですが、裁判所は以下のような理由により原告の請求を棄却しました。

⑴　穴が生じたホースは、平成20年１月に配備され、本件ビルの消防活動における使用までに合計４回、２分１秒の使用がされたにすぎず、また、同ホースについては、平成21年６月１日ころにその性能検査が実施され、適合と判断されている。このような本件消防ホースの点検状況について、被告による職務上の注意義務違反と評価すべき点を見い出すことはできない。

⑵　被告の消防職員において、本件ビルにおける消防活動に際し、事前に本件消防ホースに本件穴が生じているとの認識を有していたとの事実を認めることはできない以上、緊急の場面である本件ビルの消防活動において本件消防ホースを使用したからといって、被告の消防職員による職務上の注意義務違反を問擬することは到底できない。

⑶　本件ビルにおける消防活動の際と同様のポンプ圧力の下、合計６分の通水をすることにより、再現実験が実施されたが、その結果は、本件穴からの水の漏出の状況は水が滴下するといったものであり、その漏水量は136ミリリッ

トルであったという。同再現実験は、本件消防ホースの使用状況等とも合致し、同実験の信用性を疑うに足りる事情もないことから、本件漏水の量は、136ミリリットル程度にとどまると推認することが相当である。

(4) 一般に、消防活動には放水活動が不可避に伴い、火災現場等に一定の水が滞留する状況になるが、消防職員は、消防活動による鎮火後、次なる消火活動や救命活動に備え、消防署等に待機する必要もあるから、消防活動により発生した滞留水の除去や、その滞留水への注意喚起等の措置をすべきことを、当然の職務上の義務として課すことは困難である。

(5) 本件漏水は、第三者が管理する本件ビル内の２階階段踊り場で生じたものであり、しかも、本件漏水の量が136ミリリットル程度にすぎないものであることは、上記認定のとおりである。そうすると、本件漏水については危険性の高いものであったと評価することはできず、原告の主張によれば、本件ビルの住人が既に本件漏水に気付いていたというのであるから、このような具体的な状況の下において、被告の消防職員において、本件漏水を自ら拭き取ったり、あるいは、住人に対し、敢えて拭き取りを依頼するか、本件漏水について注意を促すべき職務上の注意義務があったとすることはできない。

(6) したがって、本件ビルにおける消防活動に際し、本件穴から漏水したことをもって、被告の消防職員として職務上の注意義務に違反するということはできないし、被告の消防職員が本件漏水について住人に拭き取りを依頼したり、注意を促すことなく、本件漏水を自ら拭き取ることもないまま本件ビルから退去したからといって、被告の消防職員としての職務上の注意義務に違反するものではない。

2．本件判決において注目すべき点は、争点となっていた消防隊員の過失（注意義務違反）について、「消防活動により発生した滞留水の除去や、その滞留水への注意喚起等の措置をすべきことを、当然の職務上の義務として課すことは困難である」との判断が示された点にあります。これにより、消火活動にあたった消防隊員が「小さなホースの穴や僅かの量の滞留水」さえ見逃すことが許されないという義務を負わないことが明確になった反面、「特段の事情」が認められる場合には、何らかの措置をとるべき責任が生じる可能性があることも否定できません。あくまでも私見ですが、判決から導かれる「特段の事情」としては、①滞留水が大量に生じていた、②床面が滑りやすい素材になっていた、③ホースに穴が開いていることを消防職員が認識しつつ、そのまま長時間にわたり放水を継続していた、④消火活動の現場が高齢者や病人等が多く集まる施設であった、⑤ホースの点検を長期間実施していなかった、等の事情が考えられます。本件判決を契機として、そうした「特段の事情」を想定した場合の具体的対策を講じておくことが必要と考えます。

なお、類焼火災に係る現場指揮者の鎮火の判断に誤りがあるとして川崎市が国家賠償を求められた裁判例（横浜地判昭和57年8月19日消防大学校・消防判例解説357頁）では、後述する再燃火災と同様に鎮火通報後の類焼火災についても失火責任法の適用があるとしたうえで、現場指揮者の鎮火判断等に重過失が認められないことを理由として、川崎市の責任を否定していることを指摘しておきます。

Ⅲ　措置命令

「よい問いは、答えより重要である」

（南カリフォルニア大学数学者リチャード・ベルマン）

Q17 履行期限を付した措置命令が履行されないまま履行期限が徒過した場合、当該措置命令の効力は失われるのか？

A

措置命令に付された履行期限が、「終期」を定めたものではなく、刑罰法規との関係における「明確性の原則」等の要請による附款、あるいは、当該履行期限までに当該命令が履行されないことを条件として次措置に移行できることを定めた予告的附款と解すれば、履行期限が経過しても当該措置命令の効力は失われない。

1 履行期限と命令の効力

(1) 総務省消防庁の令和２年版消防白書によれば、令和元年度に全国で行われた命令のうち、①防火対象物に関する命令（消防法第５条、第５条の２及び第５条の３）は312件、②防火管理に関する命令（消防法第８条及び第８条の２）は21件、③消防用設備等に関する措置命令（消防法第17条の４）は361件となっている。平成20年度の上記各命令は、①が242件、②が13件、③が40件（平成21年版消防白書）となっていることと比較すると、ここ約10年で①の防火対象物に関する命令は1.3倍、②の防火管理に関する命令は1.6倍、③の消防用設備等に関する措置命令は９倍以上の顕著な伸びを示している。

(2) 近時、履行期限が付された措置命令の命令事項が名宛人により履行されず、履行期限が経過した際、当該措置命令の効力が消滅するか否かという議論がある。この問題について関東一氏は、「履行期限が経過しても命令事項が履行されない場合には、別個に国家の刑（科）罰権が生じ、受命者に罰則を受ける効果が生ずるだけのことであって、履行期限の経過により命令の効力が失われるとか受命者の義務が消滅することにはならない」（関・消防法の研究157頁）として、命令の効力は存続するとの見解（以下、「存続説」という。）を唱えていたが、その後、「命令に履行期限を示すことは、いつの時点で命令違反が成立し終了するかを明らかにする機能をもつ」（関東一著「第二版・消防法の研究」近代消防社・171頁）としたうえで、履行期限が経過した命令の効力は消滅するとの見解（以下、「消滅説」という。）に改めた。また、石田良文氏も、「履行期限が付けられた措置命令は、当該履行期限が経過した後は当然その効力、効果を失います。何故なら、当該措置命令の効力、効果の中身は「○月○日までに何々をすること（又はしないこと）」なのですから、この「○月○日」を過ぎてしまえば物理的にも「○月○日までに何々をすること（又はしないこと）」を実現できないからです。」（近代消防2015年4月号「考えながら学ぶ違反処理法学」㉟121頁）とし、関氏と同様、消滅説を支持している。

(3)　この問題を検討するあたっては、最初に消防法上の措置命令における「履行期限」の意義・役割を確認する必要がある。一般に、法律の世界では、「期限」は「条件」※1や「負担」等とともに附款（法律行為から生ずる効果を制限するために、表意者が法律行為の際にその法律行為の一部として特に付加する制限）とされている。そして、行政行為の附款とは、行政行為の本来の内容に付加される従たる内容の行政庁の意思表示をいい、その中でも法律自らが行政行為に付加する条件や期限は法定附款といわれ、自動車の運転免許の期限（道交法第92条の2第1項）がその一例とな

※1　条件は所定の事実が生じたときに法的効力が発生する停止条件と法的効力が消滅する解除条件がある。

る。このうち、「期限」とは、行政行為の法効果の発生・消滅を、将来到来することが確実な事実に関わらしめるものであり、法効果の発生と消滅のいずれに関わるかによって始期と終期に区別され、到来時期が確実であるか否かによって確定期限と不確定期限に区別される（芝池・行政法185頁）。

一方、民法（債権法）には期限とは別に「履行期」という概念がある。「履行期」とは、「債権者が債務者に対して給付を請求しうる時期、債務者について言えば、その債務を履行すべき時期、その負担する給付をすべき時期を言う」（奥田昌道編「新版注釈民法（10）Ⅰ」有斐閣・443頁）とされており、民法第135条第１項は、「法律行為に始期を付したときは、その法律行為の履行は、期限が到来するまで、これを請求することができない」と規定する一方、債務者は期限の利益を放棄して期限前に履行することができるとされている（民法第136条第２項）。

行政法の分野では附款の許容性について議論されてきたが、通常、附款を付し得るのは、法令上その旨の規定があるほかは「一定の行為をするかどうか、どういう場合にどういう行為をするかについて法令が行政庁の自由裁量を認めている場合」に限られる（藤田宙靖著「行政法Ⅰ（総論）」青林書院・213頁）とされている。この点、消防法上の措置命令については、当該措置命令を定めた条文自体には要件として履行期限を付することが明示されているものはなく、消防法第３条第４項や第５条の２第１項第１号に「その措置の履行について期限が付されている場合」との文言が見られるにとどまるが、消防法上の措置命令の履行について期限を付することが許容されているとの結論については、実務・学説上もほとんど異論がない。しかも、措置命令の違反について罰則が規定されていることに照らせば、刑法における「明確性の原則」の要請を受けて、「命令に履行期限が明示されるのは、これだけの期間があれば命令内容の履行が事実上可能であることを示すとともに、いつまでに履行すればよいのかを示す意味で命令内容の明確性をも示していることになる」(関・消防法の研究171頁)という指摘は、法体系を有機的に結びつける傾聴に値する見解であり、国民の予測可能性にも資する行政の適正な運用としても評価することができる。

(4) 期間の経過と訴えの利益

行政処分の中には、期限を区切った営業停止処分や特定の日時における利用許可のように、そもそもその効果が時間的に限定されていると解されるものも存在し、その場合、期限到来後には当該処分の取消しを求める訴えの利益は失われるとされているが、処分が直接にもたらす法的効果のほかに、付随的な効果(例えば、過去において行政処分を受けたことを理由として爾後の行政処分の不利益の程度を重くするといった法令上の規定が定められている場合)には、当該処分の取消しを求める利益は失われていないと解されている(小早川=青柳・判例行政法2・71頁)。こうした考え方は、司法研修所・実務的研究[※2]における以下の見解と整合するものであり、特に異論を差し挟む余地はない。

「営業停止処分や業務停止処分等のように、行政処分が一定の期間内に限り、国民の権利利益を制約するものである場合、すなわち、処分に期限が付されている場合には、期限到来後においても、処分がされたことを理由として不利益を受けるおそれがあるのでなければ(行訴法9条かっこ書)、その取消しを求める訴えの利益は消滅する」(同書120頁・傍点は著者)

したがって、仮に、措置命令に付された履行期限が、期限のうち「終期」を定めたものと解すれば、履行期限経過後の措置命令の効力は失われ(消滅説)、当該措置命令の名宛人が取消しを求

※2 裁判官のバイブルともいわれており、実務的にかなり使用されている著書である。

める訴えを提起しても、原則として訴えの利益は消滅したと判断されることになる。一方、措置命令に付された履行期限について、これを「終期」を定めたものではなく、前述した刑罰法規との関係における「明確性の原則」等の要請による裁量的附款、あるいは、国民の予測可能性の確保の観点から、履行期限までに当該命令が履行されないことを条件として次措置に移行できることを定めた附款と解すれば、履行期限が経過しても当該措置命令の効力は失われず（存続説）、取消しを求める訴えの利益は依然として失われていないという結論が導かれることになる。

この点、附款の機能の見地から、将来における行政庁の措置を予告する附款として「予告的附款」という分類がなされおり、その典型的なものとして撤回権の留保があげられている（芝池・行政法193頁）。

(5) 成田新法事件の法理とその射程

いわゆる成田新法事件の最高裁判決は、運輸大臣（当時）がした建築物の所有者に対する処分について、「昭和60年２月６日から昭和61年２月５日までの間右工作物を新東京国際空港の安全確保に関する緊急措置法（昭和59年法律第87号による改正前のもの。）３条１項１号又は２号の用に供することを禁止することを命じるものであり、右処分の効力は、昭和61年２月５日の経過により失われたから、その取消しを求める法律上の利益も消滅したものといわざるを得ない。」と判示している。この成田新法事件において問題となっている行政処分の内容は、当該工作物の使用禁止という「不作為」を求める命令であることから、終期の到来（期間の満了）後に受命者が当該工作物を使用することは何ら違法ではなく、その裏返しとして当該禁止命令の効力が失われることは当然の帰結といえる。これに対し、履行期限が付された措置命令は、受命者に対して、消防用設備等の設置維持や防火対象物の改修、物件の除去等の「作為」を求めることが原則形態となるが、履行期限が経過したとしても、違反状態が是正されない限り法的に違法状態であることには変わりはなく、この点において「不作為」を命じる行政処分とは、命令に内在する性質や効果が本質的に異なるといえる。また、成田新法第3条第1項には「期限を付して」との文言があることからも、運輸大臣（当時）のした建物所有者に対する禁止命令における「昭和60年2月6日」が当該禁止命令の始期を、「昭和61年2月5日」が当該禁止命令の終期という期限を示していることは一見して明らかであるから、終期の経過をもって当該命令の効力が消滅するとの結論は、前述した期限（終期）の概念や行政法の通説的見解に照らしても論理必然ということができる。

ちなみに、札幌市某消防署は、平成25年8月にある高齢者及び障がい者下宿の用途である防火対象物に対し、以下のような措置命令を行った。

「平成25年8月26日以降、次に掲げる事項を履行するまでの間、上記防火対象物の3階部分を居室の用途として使用しないこと

1．防火対象物全体を建築基準法に規定する耐火建築物とすること（建築基準法第27条第1項第1号）

2．（以下、省略）」

上記命令は、成田新法事件と同じく防火対象物の使用禁止という「不作為」を求めるものであり、「平成25年8月26日」が当該禁止命令の始期を、「次に掲げる事項を履行するまで」がその終期（あるいは解除条件）を定めていることは明らかである。

前述した成田新法事件の法理を、上記のような不作為を求める命令とは異なる消防法上の履行期限経過後の措置命令の効力に適用するためには、その前提として、消防法上の措置命令の「履行期限」が、前述した成田新法事件の禁止命令や上記措置命令に付

された終期を意味する「期限」と同じ意義や効果を有していることが必要となる。成田新法事件の最高裁判決は、「期限（終期）」が経過した場合の当該処分の効力を論じている以上、措置命令に付された「履行期限」がそもそも「期限（終期）」と似て非なるものであれば、最高裁判決の法理は及ばない、つまり、その射程の枠外にあるということになる。法律の世界では、同じ文言・用語であっても法律ごとに、あるいは条文ごとに異なることがあり、これは一般に「法概念の相対性」と言われているが、「期限」という文言の一致のみをとらえて、最高裁判決の射程を論じることは拙速といわざるを得ない。

⑹ 措置命令の対物的効力との関係

消防法の措置命令のいわゆる対物的効力（命令効力の承継性）※3について、関氏は、「防火対象物の改修命令（法第５条第１項）や消防用設備等の設置・維持命令（法第17条の４第１項）などのように、防火対象物に付着する危険性、用途、規模等の物的な要素（事情）に着目して発動される、いわゆる対物的命令（処分）については、その性質上、命令が発動されたのち、受命者に所有にかかる当該防火対象物が相続され、あるいは他の者（第三者）に譲渡されるようなことがあっても、命令の効力は、法的に一般承継人あるいは特定承継人にも及ぶものとされている」（関・消防法の研究170頁）と述べており、その論拠として、東京高判昭和42年12月25日（行裁集18巻12号1810頁）を引用している。この東京高裁判決は、建築基準法第９条による建物除却命令が、特定人の主観的事情に着目してなされた命令ではなく、建物の客観的事情に着目してなされたいわゆる対物的性質の命令であるとして、その効力は建物の譲受人にも及ぶと解すべきであるとして、建物除

※３　阿部・行政解釈学Ⅰ（347頁）は、対物処分であれ、物が譲渡されたら、譲渡人への命令が譲受人に自動的に及ぶわけではなく、同じ処分を再度譲受人に行わなければならないことを一般原則とすべきである、としている。

却命令の対物的効力を認める判断を示した。

ところで、この事案で問題となった建物除却命令は昭和27年5月12日付けをもって「昭和27年7月10日正午までに建物を除却すること」を命ずる内容であり、当該命令の名宛人である原告が当該命令の無効確認を求めた。この事案では、第一審の東京地裁判決後の昭和40年8月2日に原告（控訴人）から当該建物を譲り受けた者らが、控訴審で参加人として訴訟に加わっているが、東京高裁判決は、命令の対物的効力を理由に建物譲受人らの参加申出を肯定（行訴法第18条の規定する第三者による請求の追加的併合に該当する）している。

仮に、建築基準法第9条の違反是正命令の「履行期限（昭和27年7月10日正午までに）」が、命令の効力の終期を定めたものと解すれば、昭和42年の東京高裁判決の時点では当該命令の効力はとうの昔に消滅していることから、東京高裁としては当該命令の無効確認を判断する以前に、少なくとも建物譲受人（参加人）に対しては確認の利益がない、すなわち、当該命令は既に効力が消滅しているのだから、建物譲受人には対物的効力も及ばないとして訴えを却下（参加申出を否定）すべきであった。しかし、東京高裁はそのような判断はせず、当該命令が無効とは認められないとの理由で参加人らの請求も棄却する判断を示した。すなわち、東京高裁は、履行期限が経過した後も当該命令の効力は消滅しておらず、その対物的効力は建物譲受人にも及ぶことを前提として判断したといえる。

この東京高裁判決の法理をふまえて、消防法上の措置命令を建築基準法第9条の違反是正命令と同じ理論構造であると考えるならば、措置命令に付された履行期限は終期を定めた期限ではなく、履行期限が経過してもその効力は依然として存続しているとの結論が必然的に導かれることになろう。

Q18 消防法5条の3の物件除去命令の要件である「火災の予防に危険である」「消火、避難その他の消防の活動の支障になる」(と認める物件)とは、どの程度の危険が必要となるのか?

A

火災予防上の危険や消防活動上の支障が一般的・抽象的に認められるだけでは足りず、当該物件の性状及びその設置状況、当該防火対象物の状況、防火上の管理状況など諸事情を勘案した上で、当該物件が存在することにより、当該防火対象物内において、火災の発生ないし延焼・拡大に至る危険が具体的に認められるか、または、避難、消火などの消防活動上の支障が具体的に認められることが必要である。

2 措置命令の要件となる危険概念

(1) 令和2年版消防白書によれば、令和元年度に全国で発せられた消防法第5条の3にかかる命令件数は304件である。当該命令は、平成13年9月の新宿区歌舞伎町ビル火災を契機に防火対象物の防火査察体制等を直接担当する消防吏員が迅速機宜に命令を発する必要性、また、当該命令の相手方が不明な場合に消防機関が必要な措置をとる必要性が認識された結果、平成14年の法改正により新設されたものである(消防基本法制研究会・逐条消防法85頁)。そして、消防吏員が実際に現場において当該命令を発するにあたっては、特に、「火災の予防に危険である」「消火、避難その他の消防の活動の支障になる」(と認める物件)の要件充足性の判断が必要となるが、この要件の解釈については、消防法第3

条第１項の屋外における火災の予防又は消火活動の支障除去のための措置命令と全く同じとされている（同86頁）。すなわち、前者については、火災の発生危険がある場合のほか、何らかの原因によって火災が発生した場合において延焼・拡大危険がある場合をいい、後者については、消火、避難等の消防の活動に支障となる場合一般をいい、必ずしも公設消防の活動に支障になる場合に限られないとされる（同26頁）。

⑵　続いて、上記各要件の充足性が問題となった裁判例として、東京銀座雑居ビルに対する除去命令取消訴訟判決（東京地判平成27年１月16日）を検討する。本事案は、原告である弁護士が、東京・銀座の雑居ビル５階にある居室を賃借した上、５階通路部分に木製本棚等を、７階塔屋部分にスチール製ロッカー等を設置していたところ、処分行政庁（東京消防庁京橋消防署長）が、平成26年１月15日付で、原告に対し、消防法第５条の３第１項に基づき、以下のような本棚等及びスチールロッカー等の設置物を除去することを命ずる処分をした。

［消防法第５条の３第１項の除去命令の内容］

・平成26年２月16日までに、屋内階段５階部分に存置された木製本棚２台及び同本棚に収納された書籍等（本件本棚等）を除去すること。

・平成26年１月30日までに屋内階段７階塔屋部分に存置された南東側壁沿いのスチール製ロッカー１台（南東側ロッカー）及び同ロッカー内に収容された冊子等並びに北東側壁沿いのスチール製ロッカー（北東側ロッカー）内に収容された冊子等を除去すること。

これに対し、原告は、被告（処分行政庁）に対し、上記処分が違法であるとして、処分の取消しと国家賠償法第１条第１項に基づく損害賠償（慰謝料200万円）の支払を求めて訴訟提起したものである。

(3) 東京地裁判決（第一審）が示した「危険概念」

東京地裁判決は、「消防法の目的、同法における防火対象物の位置付け、同法5条の3第1項の趣旨、制定経緯等を踏まえると、同項にいう『火災の予防に危険である物件』とは、火災発生の危険があると認められる物件のほか、何らかの原因によって火災が発生した場合において延焼・拡大危険があると認められる物件をいい、『消火、避難その他の消防の活動の支障になると認める物件』とは、消火、避難等の消防活動の支障となると認められる物件一般をいうものと解される」とし、前掲の逐条消防法の解説と同じ解釈を示した。

そのうえで、東京地裁は、「これらの物件に該当するか否かは、……上記火災予防上の危険や消防活動上の支障が一般的・抽象的に認められるだけでは足りず、①当該物件の性状及びその設置状況（形状、性質、可燃物の量、設置場所の状況等）、②当該防火対象物の状況（構造、規模、用途、避難経路の状況、消防用設備の設置状況等）、③当該防火対象物の防火上の管理状況など諸事情を勘案した上で、当該物件が存在することにより、当該防火対象物内において、火災の発生ないし延焼・拡大に至る危険が具体的に認められるか、または、避難、消火などの消防活動上の支障が具体的に認められることが必要であるが、火災の発生等に至る現実的な危険があることや、避難、消火などの消防活動上の支障が著しいことまでは必要ないと解するのが相当である」との具体的な判断指針を示した。そのうえで、東京地裁は、7階塔屋の各ロッカー内に保管されている冊子等について、以下のとおり判示して、消防法第5条の3の要件充足性を否定した。

ア．放火の可能性について

本件各ロッカーの引き戸が常時施錠されており、その中の冊子に放火するためには、各ロッカーを解錠するか、あるいは各ロッカーの引き戸を割る必要があることを考慮すると、放火を誘発しやすい状況にあるということはできず、心理的にも物理的にも放火の障害となり得る事情が存するというべきであるから、各ロッカー等への放火の具体的な可能性があるものと認めることはできない。

イ．火災の延焼・拡大の可能性について

本件建物が鉄骨造りで、本件建物の各居室は入口防火戸で仕切られていること、本件屋内階段には可燃物がないこと、各ロッカーはスチール製で不燃性のものであること、本件塔屋階には居室がないことを勘案すれば、仮に本件建物の各居室から火災が発生したとした場合、それが本件塔屋階に設置されている各ロッカーにまで到達した上、その内部に収納されている冊子が発火し、人命に危険が生じるという事態が生じることは、絶無ではないにせよ、容易に想定することはできないから、冊子について、火災の延焼・拡大に至る危険が具体的に認められるとまではいえない。

ウ．避難の支障について

被告は、各ロッカー内の本件冊子が燃焼した場合、熱と煙が発生し、避難経路である屋内階段や階段室内に充満して、避難の支障になると主張する。しかしながら、かかる事態は冊子が燃焼することを前提としているところ、上記のとおり、放火されることや、他の居室から発生した火災が塔屋階まで到達し冊子に延焼したりする具体的な危険を認めることはできないというべきであるから、冊子が燃焼することを前提とする主張はその前提を欠くものといわざるを得ない。また、各ロッカー内の本件冊子は、それ自体、避難の支障になるものではない。

(4) 危険概念の分類

本件事案の事実関係や東京地裁判決が示した判断指針によれ

ば、消防法上の「危険概念」は、概ね、①抽象的危険（本事案の7階ロッカー等⇒消防法第8条第4項、第8条の2の4）、②具体的危険（本事案の5階木製本棚等⇒消防法第5条、第5条の3第1項）、③現実的危険＝切迫した危険（消防法第5条の2、第5条の3第2項）の3つに分類されることになる。

なお、当該措置命令（行政処分）の違法性の有無を取消訴訟において判断するにあたり、いつの時点の法令や事実状態を基準として当該処分の違法性をすべきかという違法性判断の基準時の問題がある。この問題については、学説上、当該行政処分がされた当時を基準時とすべきとする処分時説と、事実審の最終口頭弁論終結当時を基準時とすべきとする判決時説が対立しているが、判例・通説は、取消訴訟が行政処分に対する事後審査をその本質としていることを理由に処分時説によるべきとしている（最判昭和28年10月30日行裁集4巻10号2316頁、最判昭和34年7月15日民集13巻7号1062頁）。従って、危険概念の判断についても、当該命令を発した時点の事実状態が基準となるが、一方で、民事訴訟では、裁判所は口頭弁論終結時までの全ての資料を斟酌し得ることから、処分後の事実であっても処分当時の事情を推認できる資料価値のあるものは、これを処分の適否の判断資料とすることができる（司法研修所・実証的研究182頁）ことは留意しなければならない。

(5) 命令違反罪の法的性質

なお、かかる危険概念との関係では、消防法上の命令違反罪の性質について、抽象的危険犯[※4]か具体的危険犯[※5]か形式犯[※6]かという議論がある（森本宏著「違反処理に自信を持とう！」近代消

※４　社会通念上法益侵害の可能性があるものとして類型化された犯罪であり、ひとたび行為が禁止された以上は、具体的状況のもとで危険が認められるか否かを問わず、違反行為は構成要件に該当する。

※５　法益侵害の具体的危険の発生が構成要件要素となっている犯罪。

※６　法益侵害の抽象的危険さえ必要としない犯罪。

防社)。本書ではこの点について深く論究することはしないが、少なくとも、上記東京地判の判旨によれば、消防法第5条の3の除去命令を発するにあたっては、放火の可能性や火災の延焼・拡大の可能性、避難の支障について「具体的危険」の存在が必要である（命令の適法要件となっている。）ことは明らかである。

一方、行政処分は、その発令及びその到達と同時に効力を生じており、違法な行政処分であっても取り消されるまではその公定力[※7]が刑事訴訟にも及び、従わないと処罰されるのか、すなわち、刑事訴訟において「行政処分の違法の抗弁」をなしうるのかという問題がある。この点、「刑事訴訟において、被告人に取消訴訟の提起の負担を負わせることは、妥当ではない。この意味で、取消訴訟の排他的管轄ないし公定力は刑事訴訟には及ばないものと考えられる」（芝池・行政法150頁）とする有力な見解によれば、物件除去命令違反罪の刑事被告人は、当該命令の有効性（適法性）を刑事裁判で争うことができることから、実質的には物件除去命令違反罪は具体的危険犯として位置づけられているといえるのではないだろうか。

※7　行政行為は、たとえ違法であっても、行政庁自らが職権により取消しまたは撤回する場合は別段、相手方の争訟（訴訟または不服申立）の提起に基づき行政庁または裁判所が取消の措置をとらない限り、一応有効に通用するという効力。

Q19 法人所有の防火対象物に対して措置命令を行う場合、名宛人となる「管理について権原を有する者」とは誰を指すのか？

A

法人所有の防火対象物については、消防法第８条第１項の管理権原者は、原則として当該防火対象物の事業活動を行う主体である法人と解すべきである。

3 法人所有の防火対象物の名宛人

(1) 消防基本法制研究会・逐条消防法では、消防法第８条の「管理について権原を有する者」(管理権原者) を、防火対象物について正当な管理権を有する者としたうえで、「防火対象物又はその部分における火気の使用又は取扱いその他法令に定める防火の管理に関する事項について、法律、契約又は慣習上当然行うべき者」であるとしている。そのうえで、一般的には、防火対象物の所有者、占有者等が想定されるところであるが、防火対象物又はその部分の所有形態、管理形態、運営形態、契約形態等を踏まえて総合的に判断する必要があるとしている（同123~124頁）。また、上記管理権原者は、消防法第17条に規定されている「防火対象物の関係者」、あるいは消防法第17条の４に規定されている「防火対象物の関係者で権原を有する者」とは別の概念であり、実態として必ずしも同一人が該当するとは限らないことに留意する必要がある（同124頁）とも指摘している。

そこで、以下、過去の火災事件に関わる刑事事件判決等を概観しつつ、特に、法人所有の防火対象物の管理権原者の概念について検討していく。

⑵　管理権原者と法人の関係を巡る学説・裁判例

ア．まず、関・消防法の研究（192頁）は、「消防法上の命令規定は、命令の名あて人（受命者、相手方、命令の客体あるいは命令の履行義務者ともいう。）として、「権原を有する関係者」（法第５条第１項、第５条の２第１項）、「管理について権原を有する者」（法第８条第３項）、「所有者、管理者又は占有者」（法第12条第２項、第12条の２第１項・第２項）、「関係者で権原を有する者」（法第17条の４第１項）などと定めている場合が多い。これらの名あて人は、法人組織の事業所の場合、法人の機関としての法人のために一定の業務を執行する地位にある自然人（例えば、代表取締役、理事長、学校長、工場長など）を指す」としている。

イ．一方、防火管理にかかわる裁判例の中で「管理権原者」の概念についての解釈を示したリーディングケースである磐梯熱海磐光ホテル火災事件刑事第一審判決（福島地判郡山支昭和50年３月29日判時779号40頁）は、以下のとおり判示している。

「消防法第８条第１項にいう『…防火対象物…の管理について権原を有する者（以下、単に「管理権原者」と略称する。）』とは、建物の所有者、賃借人ないしこれらの者からその維持、管理について委任を受けた者、または職務上建物の維持管理について委任を負う者をいうと解すべきである。けだし、管理権原者とは、消防法第17条の４に定める消防用設備等に関する措置命令が発せられた場合には当該命令の内容を履行できる地位にあるものでなければならないからである」（傍点は著者）

ウ．その翌年、椿グランドホテル火災事件刑事第一審判決（和歌山地判昭和51年３月30日判時823号112頁）は、管理権原者について、以下のとおり判示している。

「消防法第８条第１項は、『多数の者が出入りし、勤務し、または居住する防火対象物で政令で定めるもの』について防火管理を強化徹底するため管理権原者をして消防法令の趣旨・目的に添い、特に防火管理者を選任して防火管理上の必要な業務を行わせてこれを指揮、監督することを義務づけ、その業務の具体的内容を明記したものと解すべきである。したがって、被告人（代表取締役）は、管理権原者として消防計画を作成し、これに基づき従業員を指揮、監督して、消火、通報及び避難訓練を実施し、火災発生のときに敏速な避難誘導がなされるよう配慮し、さらに消火・避難・警報設備を設置して常時点検整備し、その補修、改善などに努め、また、宿泊者に対し予め誘導灯や案内図などにより避難口への避難要領などを告知し、併せて防火管理者などをしてこれを指揮、監督させ、もって火災事故の発生を未然に防止し、宿泊客らの被害を最小限に止めるべく万全の措置を講ずべき責務を負っていたものというべきである」（傍点は著者）

エ．さらに、ホテル・ニュージャパン火災事件刑事控訴審判決（東京高判平成２年８月15日判時1309号136頁）は、以下のとおり判示して、法人所有の防火対象物の管理権原者は法人の代表者であることを明らかにした。

「思うに、消防法８条、同条の２、消防法施行令４条、消防法施行規則３条その他の規定において用いられている防火対象物の『管理について権原を有する者』（以下「管理権原者」という。）とは、その防火対象物を管理する正当な法的原因を有するものと解されるが、本件ホテル・ニュージャパンのように、法人が防火対象物を所有するとともに、これを占有、管理して事業を行っている場合、その管理権原者は、法人そのものでは

なく、自然人であり、それも原則として、法人の代表者であると解するのが相当である」(傍点は著者)

以上の刑事事件に関する各裁判例の判旨を概観するかぎり、法人所有の防火対象物の管理権原者については、法人ではなく、その法人の代表者（代表取締役）と解されていたことが認められる。

オ．ところが、ホテル・ニュージャパン火災事件刑事上告審判決（最判平成５年11月26日刑集47巻９号242頁、判時1481号15頁）は、消防法第８条の管理権原者の解釈適用には直接言及せずに、以下の判示のとおり、代表取締役や防火管理者の地位や権限から被告人の防火管理上の注意義務を導き出している。

「そこで検討するに、被告人は、代表取締役社長として、本件ホテル経営、管理事務を統括する地位にあり、その実質的権限を有していたのであるから、多数人を収容する本件建物の火災の発生を防止し、火災による被害を軽減するための防火管理上の注意義務を負っていたものであることは明らかであり、ニュージャパンにおいては、消防法第８条第１項の防火管理者であり、支配人兼総務部長の職にあった幡野に同条項所定の防火管理業務を行わせることとしていたから、同人の権限に属なさい措置については被告人自らこれを行うとともに、右防火管理業務については幡野にこれを遂行するよう同人を指揮監督すべき地位にあったというべきである」(傍点は著者)

カ．その後、熊本大洋デパート火災事件刑事上告審判決（最決平成３年11月14日刑集45巻８号221頁）は、以下のとおり、消防法第８条が管理権原者に定める一般的な注意義務の主体を一義的には「事業主」としたうえで、その「事業主」が株式会社の場合には、業務執行権を有する代表取締役がその義務を負うとの判断を示しているが、管理権原者が法人の代表者であるとの指摘はない。

「多数人を収容する建物の火災を防止し、右の火災による被害を軽減するための防火管理上の注意義務は、消防法８条１項がこれを消防計画作成等の義務として具体的に定めているが、本来は同項に定める防火対象物を使用して活動する事業主が負う一般的な注意義務であると考えられる。そして、右の事業主が株式会社である場合に右義務を負うのは、一般には会社の業務執行権を有する代表取締役であり、取締役会ではない。すなわち、株式会社にあっては、通常は代表取締役が会社のため自ら注意義務の履行として防火管理業務の執行にあたっているものとみるべきであり、取締役会が防火管理上の注意義務の主体として代表取締役に右義務を履行させているとみるべきではない」

(3) 「権原」と「権限」の関係

以上のとおり、最高裁は、火災に関する上記２つの刑事上告審判決において、管理権原者の地位とは一線を画して、代表取締役の刑事責任における義務主体性を判断していることは明らかである。

この点と関連して、刑法においては、法人の犯罪能力の存否について学説上争いがある。すなわち、伝統的な旧派刑法学は、法人には意思に基づく身体の動静がない以上、「行為」は考えられない等の理由により法人の犯罪能力を否定するが、近時は、種々の法律が法人処罰を含む両罰規定を置いていることを理由として、法人の犯罪能力を刑法犯についても肯定する立場が有力となっている。しかしながら、以下の判例（大判昭和10年11月25日刑集14巻1217頁）は、法人の犯罪能力を明確に否定している。

「法人に犯罪行為能力ありや否やに付ては、所論の如く見解の一致せざる所なりと雖も、我現行法の解釈としてはこれを否定すべく、若し法人の機関たる自然人の名義に於て犯罪行為を為す場合に於ては、其の自然人を処罰するを以て正当と為すべきこと夙に本院判例の宣明する所なり。蓋し、我現行刑法が自然意思を有する責任能力者のみを以て刑罰を科せらるべき行為の主体なりと認むるは、同法第38条乃至第41条の規定に徴するも疑を容れ（ず）」

こうした判例法理もあって、火災に起因する防火管理の懈怠により死傷者が生じた場合には、刑事裁判では、責任主義※8の観点から、両罰規定がない限り犯罪能力のない法人は被告人とはならず、その代表取締役等の自然人だけが刑法犯である業務上過失致死傷罪等の主体として被告人となっている。そして、こうした刑事裁判では被告人の「管理監督責任」の有無が問われることになるが、この「管理監督責任」の定義については、「従業員といった中間項を介さずに、管理者等による物的設備・機構、人的体制等の不備それ自体が結果発生との関係で刑事過失を構成しうる場合を指（す）」（三井誠ほか「共同研究・刑法における管理・監督責任」刑法雑誌28巻1号17頁）とされている。また、ホテル・ニュージャパン火災事件刑事上告審判決の判時解説は、「認定された被告人の過失のうち、自らスプリンクラー設備又は代替防火区画を設置すべき義務を怠った点はいわゆる管理過失に属し、防火管理者を指揮監督して防火管理業務を適切に行わせるべき義務を怠った点は、いわゆる監督過失に属する」とコメントしている。こうした「管理監督責任」を前提とする刑事過失の主体の判断にあたっては、特段、「管理権原者」の解釈・適用は必要とされておらず、従って、行政法である消防法上の管理権原者との間に法的関連性を結びつける論理必然性もまた認められない。

そもそも、法律上、「権原」とは、ある法律行為又は事実的行為

※8　刑法において、行為者の行為について、責任能力および故意又は過失を要件として行為者を処罰できる場合にのみ、その行為者に責任を認めるとする原則をいう。

をすることを正当とする法律上の原因をいう一方､｢権限｣とは、国又は公共団体の機関の行為が、法律上、国又は公共団体の行為としての効力を生ずる範囲、あるいは、その機関に、法律上、認められている行為又は処分の限界・範囲を意味する。また、民法上でも、代理人又は法人の機関について同じ意味で｢権限｣という語が用いられることがあり(藤木英雄他編｢法律学小辞典〔増補版〕｣有斐閣)、例えば、所有権者が自己の所有物を使用・収益・処分する｢権限｣を持つのは、所有権という｢権原｣を有しているからである。このように､｢権原｣と｢権限｣は、法律上、異なる語義を有しているが、前述した２つの上告審判決は、被告人に管理｢権原｣があったかどうかではなく、当該建物の防火管理に関する実質的｢権限｣や業務執行｢権(限)｣を有していたかどうかを、刑事責任のメルクマールにして判断していたとみることができる。

以上のとおり、消防法上の管理権原者であることは被告人として刑事責任を負わせるための前提条件となるものではない。むしろ、前述した最高裁の法理に照らせば、消防法上の｢管理権原者｣の解釈・適用については、刑事裁判における防火管理責任とは一線を画したうえで、消防法の趣旨や民法等の関連法令の解釈を踏まえつつ､｢防火対象物について正当な管理権を有する者｣が誰かを総合的に判断すべきであり、法人所有の防火対象物については、消防法第８条第１項の管理権原者は、原則として当該防火対象物を使用して事業活動を行う主体である法人と解すべきである。

なお、後述(**Q 23**)する札幌地判平成24年３月28日は、法人所有の防火対象物の消防用設備等につき権原を有する関係者(消防法第２条第４項、第17条の４第１項)は、建物所有者である法人としている。

(4) 法人の代表者を命令の名宛人に記載するのはなぜか？

最後に、なぜ、命令の名宛人として法人名に加えて法人代表者の氏名を記載するのかという疑問についても付言する。一般に、特定の相手方に対してその権利・自由を制限する効果を生ずべき処分については、その効果、すなわちその処分の拘束力は、原則として、単に行政庁がその処分を表示するだけでは発生せず、意思表示の一般原則に従うと、行政行為の効力は、それが相手方に到達したときに発生することになる。なお、送達については、行政法上一般的規定はなく、民事訴訟法の送達に関する規定（98条以下）が参考になり、相手方の所在が不明である場合、公示（民法第98条1項参照）で足りるとされている（芝池・行政法144頁）。また、民法上の意思表示については、その通知が相手方に到達した時からその効力を生ずる（民法第97条第1項）とされており、最高裁は、意思表示が相手方の了知可能な状態に置かれたとき、あるいは、相手方の支配圏内（勢力範囲）に入ったときに到達したとしている（最判昭和36年4月20日民集15巻4号774頁、同昭和43年12月17日民集22巻13号2998頁他）。

そして、法人は、権利義務の担当者として法が認めた観念上の資格（法制度・法概念）であることから、命令の名宛人である法人そのものに命令を物理的に到達させることができない。そのため、その命令の受領者として、法人の機関である代表者の氏名を行政処分の効力を生じさせるため記載することが必要となるが、このことは、自然人である代表者個人を命令の名宛人とするものではない。そもそも、ある団体が法人格者であるという意味は、義務の帰属と責任について、（ｉ）団体・財団に課せられたものであると、代表者が団体・財団のために負担したものであるとを問わず、団体・財団のみに帰属し、法律行為をした代表者の義務も、構成員の義務も生じない、（ⅱ）その義務に対する責任も、団体・財団のみがこれを負い、構成員個人の財産が負うことはない（有限責任）（四宮和夫著「民法総則〔第四版〕」弘文堂・73頁）ことからしても、法人の機関である代表者個人が命令の直接の名宛人としていかなる責任を負うこともない[※9]。

※９　消防基本法制研究会・逐条消防法は、消防法第８条の２の３第４項の点検報告の特例認定を受けた防火対象物の失効要件の一つである「管理について権原を有する者に変更があったとき」について、「管理権原者が法人である場合には、当該法人の代表取締役、店長、支配人等が変更した場合であっても、管理権原者の変更はないものと解される」（同193頁）としている。

Q20 管理組合の設立総会が開催されていない新築分譲マンションについて、消防機関が当該マンションの共用部分に関する違反について措置命令を発する場合、誰を名宛人とすべきなのか？

A

「権利能力なき社団」となる前の潜在的管理組合については、共用部分を管理する団体としていまだ法的な当事者性を有しておらず、実際に措置命令を受領する執行機関たる管理者も存在しないことから、マンション共用部分の管理に関する措置命令を発することはできない。

4 マンション管理組合に対する措置命令

(1) 国土交通省が公表しているマンションストック戸数によると、令和元年末時点のマンションの総数は約665.5万戸であり、これに平成27年国勢調査による1世帯当たり平均人員2.33をかけると、約1551万人がマンションに居住している推計となり、これは国民の約1割にあたる。それゆえ、マンション、とりわけその共用部分の防火管理体制を維持することは、消防行政にとっても重要な課題となっている。

マンションの共用部分は、①専有部分以外の建物（本体）の部分、②専有部分に属しない建物の附属物、③区分所有法第4条第2項の規定により共用部分とされた附属の建物の3つによって構成されるが、これらの共用部分は、区分所有者全員の共有に属する。また、共有部分には、支柱、外壁、屋根、屋上等の法律上当然に共用部分になる法定共有部分と、集会室、倉庫、車庫、管理人室等の規約により共用部分となる規約共用部分の2種類がある。なお、マンション標準管理規約（単棟型）（平成16年1月23日国総動第232号・国住マ第37号通知）は、玄関ホール、廊下、階段、エレベーターホール、エレベーター室、電気室、機械室、バルコニー、ベランダ、屋上、テラス、塔屋、管理事務室、集会室等を共用部分の範囲と定めている。

また、区分所有法第3条前段は、「区分所有者は、全員で、建物並びにその敷地及び附属施設の管理を行うための団体を構成し、この法律の定めるところにより、集会を開き、規約を定め、及び管理者を置くことができる」と定めており、複数の区分所有者が区分所有権を取得することにより、当然に、建物等の管理を行うための団体である管理組合が成立するとされている。なお、区分所有者が2人以上いれば、区分所有者及び議決権の各4分の3以上の多数による集会の議決により、法人化することができる（区分所有法第47条第1項）。

以上のとおり、マンションの共用部分は、その所有権は区分所有者全員の共有に属しているものの、その管理については管理組合が法律上当然に担うことになる。

(2) さらに、区分所有法は、常時共用部分の管理を行うべき者を定めて、一定の権限を与える管理者の制度を設けており、規約に別段の定めがない限り集会の決議によって管理者を選任することができ（区分所有法第25条第1項）、この管理者は、管理組合の執行機関となる。但し、管理組合が法人化された場合には、必須の執行機関として理事が置かれるので、管理組合法人には管理者の制度は適用されない、（区分所有法第47条第11項、第1章第4節）。

ちなみに、東京高判平成2年5月28日（判時1354号100頁）は、理事長が選任されている場合には、特別の事情がない限り、理事長が管理者であるとしており、標準管理規約では、理事長は区分所有法に定める管理者とするという明文が置かれている（標準管理規約第38条第２項）。

こうした区分所有法上の制度を前提に措置命令の名宛人を検討すると、マンションの共用部分にかかる違反事項のうち、いわゆる固定的な消防用設備等の設置を命じる場合には、その所有者たる区分所有者全員を名宛人とすべきである。一方、固定的な消防用設備等の維持管理を命じる場合には、共用部分の管理を委ねられている管理組合が名宛人となり、その具体的な表示方法については、法人所有の防火対象物と同様に、「○○管理組合　管理者□□××」と記載すべきである（管理組合法人については、「○○管理組合法人　理事長□□××」と記載する。）。

(3) 次に、分譲マンションにおいて、管理組合の設立総会が行われるまでの間の共用部分に関する措置命令の名宛人について検討する。

前述のとおり、区分所有法上は、複数の区分所有者が区分所有権を取得することにより、当然に、建物等の管理を行うための団体である管理組合が成立するとされているが、より具体的には、①団体としての組織を備え、②多数決原理が行われており、③構成員の変更にもかかわらず団体そのものが存続し、④その組織によって、代表の方法、総会の運営、財産の管理、その他団体としての主要な点が確定している、という４つの要件を充たす場合には、当該団体は「権利能力なき社団」として、法律関係における当事者となることが認められる（最判昭和39年10月15日判タ169号117頁他）。

すなわち、マンションにおいて複数の区分所有者が存在すれば、当然に団体関係（潜在的管理組合）が発生し、設立総会において規約や理事を定めて活動を始めた時点で「権利能力なき社団」(顕在的管理組合) となるが、潜在的管理組合の段階であっても、民法上の組合の要素が含まれていると考えれば、構成員の合意により、民法上の共有の規定に従い管理行為等に関する事項を過半数で決定することは法的に可能と考えられる。よって、分譲予定戸数の半数以上の区分所有者の同意が得られれば、設立総会前であっても、防火管理の外部委託や防火管理者の選任が法的に許容される余地はあるものの、「権利能力なき社団」となる前の潜在的管理組合については、共用部分を管理する団体としていまだ法的な当事者性を有していないと解さざるを得ない。また、実際に措置命令を受領する執行機関たる管理者も存在しないことから、消防機関がマンション共用部分の管理に関する措置命令を発することはできない。

Q21 消防機関が、違反処理における調査や措置命令等の行政権限の不行使を理由として国家賠償責任を問われるのはどのような場合なのか？

A

具体的な事情の下において、被害の重大性・切迫性、火災・災害が発生することの予見可能性の有無、それに対する規制の容易性・可能性及び結果回避可能性の有無、その他、権限行使の影響・弊害の有無程度、規制権限の補充性（他に適切な手段がないこと）等を考慮しつつ、行政権限の不行使が著しく合理性を欠く場合に違法となる。

5 行政権限不行使と国家賠償責任

(1) はじめに

国・公共団体が直接の加害者ではないが、国・公共団体が有する規制権限や監督権限（以下、「規制権限」という。）を適切に行使していれば国民に損害が発生したり、その損害が拡大することを防ぐことができたにもかかわらず、国・公共団体がその行使を怠ったために、その損害が発生・拡大したとして国家賠償責任を問う事例が「行政権限不行使と国家賠償責任」の問題である。

消防法上の権限不行使による国家賠償責任を論じるにあたり、これまでの行政の権限不行使が問題となった代表的な裁判例を概観する。

(2) 行政権限の不作為に関する４つの裁判例

ア．宅地造成規制権限不行使訴訟事件（大阪地判昭和49年４月

19日下民集25巻1～4号315頁、判時740号3頁、判タ318号284頁、違反是正支援センター・消防判例集25頁）

兵庫県内の住民が、山林を造成した宅地を買い受け、その地上に家屋を建築所有していたところ、昭和42年7月に付近一帯を襲った豪雨により、上段に居住していた家屋の敷地と下段の家屋敷地との間の石積擁壁とコンクリート擁壁が崩壊して、下段の家屋が倒壊して住民が死亡した事案である。

大阪地裁は、本件事故発生当時、擁壁自体に亀裂が生じており、擁壁が極めて不完全な状態にあり、放置するときは崩壊して下段の家屋や住民の生命に危険を及ぼす危険が明白であったとして、県知事が擁壁の所有者に対し、宅地造成規制法等に基づき改善命令を発し、代執行の措置によってでも危険を除去する措置をとらなかったことは、著しく合理性を欠き、違法であると判示した。

イ．筑豊じん肺訴訟上告審判決（最判平成16年4月27日民集58巻4号1032号、違反是正支援センター・消防判例集5頁）

筑豊地区に存在した炭鉱で粉じん作業に従事したことによりじん肺に罹患した元従業員やその遺族らが、炭鉱の経営企業や国に対して損害賠償を求めた事案である。最高裁は、通産大臣が、遅くとも昭和35年のじん肺法成立の時までに、じん肺に対する医学的知見及びこれに基づくじん肺法制定の趣旨に沿った石炭鉱山保安規則の内容の見直しをして、有効な粉じん発生防止策を一般的に義務づけるなどの新たな保安規制措置をとったうえ、鉱山保安法に基づく監督権限を適切に行使して、粉じん発生防止策の速やかな普及、実施を図るべきところ、これらの権限を直ちに行使しなかったことは、鉱山保安法の趣旨、目的に照らし、許容される限度を逸脱して著しく合理性を欠き違法である、との判断を示した[※10]。

ウ．水俣病関西訴訟（最判平成16年10月15日民集58巻７号1802頁、違反是正支援センター・消防判例集15頁）

本件は、水俣病患者及びその遺族らが、水俣病の原因となったメチル水銀化合物を排出した企業とともに、国及び熊本県に対し、水俣病被害の発生拡大の防止のために適切な規制権限の行使を怠ったとして、損害賠償を求めた事案である。最高裁は、当時、工場排水によって周辺住民に極めて深刻な影響が生じていたのであり、しかも、周辺住民にはチッソの排水を止めるための有効な手段がなく、国による権限行使の必要性や期待が大きかったといえるとして、国において、昭和35年１月以降、水質二法（公共用水域の水質の保全を図り、公衆衛生の向上に寄与すること等を目的として、昭和34年３月に施行された法律）に基づく規制権限を行使しなかったことは違法になると判断した。

エ．大阪泉南アスベスト訴訟（最一小判平成26年10月９日民集68巻８号799頁）

最高裁は、石綿（アスベスト）製品の製造、加工等を行う工場又は作業場において、石綿製品の製造作業等又は運搬作業に従事したことにより、石綿関連疾患に罹患したと主張する者らが、国に対し、労働基準法等に基づく規制権限を行使しなかったのが違法であるなどと主張して、国賠法第１条第１項に基づく損害賠償を求めた事案である。最高裁は、規制権限を定めた旧労基法等の規定の趣旨について述べたうえで、①石綿肺に関する医学的知見が確立し、国も石綿の粉じんによる被害の深刻さを認識していたこと、②前記の工場等における石綿の粉じん防止策として最も有効な局所排気装置の設置を義務付けるために必要な技術的知見が

※10　藤山＝村田・行政争訟（646頁）は、この最判について、不作為が違法となる規制権限として、省令の制定を含み得ることを示した点で救済範囲を広げたものということができる、と指摘している。

存在していたこと、③従前からの行政指導によっても局所排気装置の設置が進んでいなかったことなどを指摘し、労働大臣（当時）は、権限を行使して前記工場等に局所排気装置の設置を義務付けることが可能であったにもかかわらず、これを義務付ける省令制定権限を行使しなかったことは、旧労基法の趣旨、目的や、その権限の性質等に照らし、著しく合理性を欠くものであって、国賠法第１条第１項の適用上違法であると判断した[※11]。

⑶　消防機関の権限不行使が問題となった２つの裁判例

ア．木造３階建て共同住宅に対する消防法第５条命令の不行使事件（札幌地判昭和55年３月５日違反是正支援センター・消防判例集101頁）

消防機関の権限不行使の違法が問題となった裁判例のリーディングケースである。昭和50年12月５日午前２時55分頃、札幌市中央区に所在するモルタル塗り３階建て共同住宅の２階から出火し、その際に３階に就寝中の住人が逃げ遅れて亡くなった事案であり、その住人の両親が、所有者の他に、札幌市に対して、国家賠償法第１条第１項に基づき損害賠償請求訴訟を提起した。

札幌地裁は、本件建物について、防災上の見地から危険があることを一般に認めながら、本件建物に、自動火災報知設備、漏電火災警報器、非常警報設備、避難はしご等の設備が設けられ、３階西側に避難口、廊下中央部分に階下に通じる階段が設けられていたこと等の事情があったことから、消防法第５条の措置命令を発しなかったとしても裁量を逸脱した違法があるとまではいえないと判示して、両親の請求を棄却した。

※11　令和３年５月17日、最高裁は、建築現場で石綿（アスベスト）を吸って健康被害を負った作業員と遺族による訴訟で、労働大臣（当時）が、規制権限を行使し、必ず適切な防じんマスクを着用する必要があること等を示すように指導監督するとともに、事業者に対し、屋内建設現場において労働者に呼吸用保護具を使用させることを義務づけるべきであったのに、権限を行使しなかったことは著しく合理性を欠くとして、国賠法第１条第１項の適用上違法であると判断した。

イ．宝塚市カラオケ店火災事件（神戸地判平成25年４月26日）

平成19年１月20日午後６時30分頃、被告Ａの経営する宝塚市内のカラオケ店１階において揚げ物調理中の中華鍋からの出火を原因とする火災が発生し、本件建物内にいた３名の客が死亡し、５名の客が気道熱傷等の傷害を負った。その後、カラオケ店の従業員は、業務上失火罪（刑法第117条の２）及び業務上過失致死傷罪（同法第211条）で、懲役１年６月の判決を受け、カラオケ店の経営者Ａは業務上過失致死傷罪（同上）で、懲役４年の判決を受けた。

一方、本件火災当時、他の３名の女子中学生とともに店舗内にいて気道、両側手背、顔面、両側肩甲部の熱傷等の被害を受けた当時中学校１年の女子が、カラオケ店の従業員、経営者Ａ、本件建物の所有者かつ賃貸人Ｂ(法人)、Ｂの代表取締役であり本件建物の前所有者であるＣ及び宝塚市に対して損害賠償を求めた訴訟では、経営者Ａらが責任を認めたため、被告宝塚市の行政権限不行使の責任の有無が最大の争点となった。

まず、判決は、公務員の規制権限の不行使が違法であるか否かの判断基準について、「法の趣旨、目的のほか、原告が指摘する各時期における具体的な事情の下において、被害の重大性・切迫性、本件火災なり災害が発生することの予見可能性の有無、それに対する規制の容易性・可能性及び結果回避可能性の有無、その他、権限行使の影響・弊害の有無程度、規制権限の補充性等を考慮して判断することになる」とした。そのうえで、当時の切迫した危険の有無については、本件カラオケ店においては、厨房において調理のために日常的に火気を使用し、消防用設備も設置されておらず、防火管理の措置がとられていなかったのであるから、「火災が発生した場合、消火が遅れ、あるいは効を奏さず、さらには避難誘導が十分にできず、その結果、カラオケ店利用者の生命、身体に危害が及ぶ切迫した危険があったと認められる」と判示した。

次に、権限行使の前提となる認識（予見）可能性については、「立会・査察権限や用途変更指示権限を行使しなかったことが違法であるというためには、やはり、被害発生の具体的な危険性、すなわち、消防法令上あるいは建築基準法令上求められる火災に備えた安全対策（消防設備、避難設備の設置や避難訓練等）がされていないことの認識ないし認識可能性があって初めて権限行使が義務づけられる」としたうえで、判決は、以下の４つの点を指摘した。

① 平成２年１月に宝塚市の青少年センターの職員が、本件カラオケ店を訪問し、本件カラオケ店の室数や各個室に監視カメラが設置されていることを確認したことが認められるが、同職員が、本件建物の消防法第17条第１項、第８条第１項違反及び建築基準法第35条違反を認識することができたとは認められない。

② 被告Ｃの父が、平成３年８月23日、本件カラオケ店の隣に、新建物の建築を計画し、宝塚市に対し、建築確認申請を行い、宝塚市消防本部警防課を含む８課が協議を行い、宝塚市の建築指導課職員が現地調査を行ったほか、本件建物を管轄する宝塚市西消防署長が、新建物新築について同意した点について、「平成３年の際の新建物の建築確認申請は、もっぱら新建物に関するものであり、建築確認の審査の対象は、申請にかかる建物の計画が建築関係法規に適合するか否かに限定され、申請外の建物の法令適合性については審査の対象外であったのであるから、被告宝塚市が、建築確認申請の対象でない本件建物につき、消防法第17条の設置対象物や非常用の照明装置が設置されておらず、また、消防法第８条の措置がとられていなかったことを知るに至ったと認めることはできない。」「新築の場

合、消防同意の時点ではまだ建物が存在せず、現地調査の実を上げ難いこと、平成３年度の被告宝塚市消防本部における消防同意件数が738件と多数に上っていることから、未だ新建物が建築される前である平成３年の消防同意に当たり、被告宝塚市の消防所職員が、現場に行かず、書面で消防同意のための調査を行ったとしても、不合理とはいえない。」

③　平成14年消防法改正及び各マニュアル作成時に主として問題とされたのは、３階以上の階のある小規模雑居ビルであったことが認められ、本件建物のように２階建てで、管理の権原を有する者が単一である建物については、平成13年の新宿ビル火災及び平成14年の消防法改正の際も、優先的に調査・査察権限を行使すべき対象とはされなかったと認められる。(中略)以上のとおり、宝塚市が、平成13年の新宿ビル火災時から平成14年の消防法改正時に、本件建物について消防法令違反や建築基準法法令違反を認識し得たとは認められない。

④　宝塚市消防職員らの私的なカラオケ店の来店については、「本件カラオケ店に来店した被告宝塚市消防署職員らが本件カラオケ店の法令違反の事実に気づいたときは、それが私的な機会でのことであったしても速やかにその旨の報告をすべきである。しかしながら、被告宝塚市消防署職員らが本件カラオケ店に来店しても、消防法第17条の設置対象物や非常用の照明装置が設置されておらず、また、消防法第８条の措置がとられていなかったことを認識することができたとは認められない。

以上の事情を踏まえて、判決は、「被告宝塚市が、本件火災発生時までに、本件建物について消防法令違反及び建築基準法令違反があることを認識し得たとは認められず、したがって、本件カラオケ店利用者の生命身体が危険に晒されていることを予見し得たとは認められない。以上のとおりであるから、その余の点（規制権限行使による結果回避可能性、権限行使の影響・規制権限の補充制等）について判断するまでもなく、被告宝塚市の権限不行使が違法であるとは認められない。」として、原告の請求を棄却した※12。

(4) 規制権限不行使の違法について

行政権限の不行使の違法を検討するにあたっては、基本的には、①国又は公共団体の公務員が、一定の規制権限が付与されていることに加え、②その規制権限の不行為によって生命・身体・財産等の損害を受けた国民との関係において、当該公務員が規制権限を行使すべき作為義務が認められ、さらに、③その規制権限を行使することにより受ける国民の利益がその権限の根拠を定める行政法規において保護されること（いわゆる反射的利益※13ではないこと）が必要であるとされている（深見・国家賠償訴訟69頁、国賠訴訟実務研究会・国家賠償訴訟170頁）。この点、特に、上記②との関係では、規制権限に関する法規が、具体的場面において一定の規制権限の行使を公務員に許容するにとどまり、一定の行政権の行使を義務付けていない事例や、法律が規制権限行使の要件を具体的に定めていない事例において、どのような場合に、公務員の規制権限の不行使が違法とされるかについては、学説上の対立があるが（山下郁夫・最高裁判所判例解説民事篇平成７年度599頁）、判例実務においては、前述した複数の裁判例でも示されたとおり、「規制権限の不行使が著しく合理性を欠くこと」を要件とする見解に依拠して判断が下されるようになっている（深見・国家賠償訴訟72頁）。

また、規制権限の不行使が問題となったこれまでの最高裁判決

※12 同じカラオケ店火災で死亡した３名の遺族が提起した損害賠償請求事件（神戸地判平成27年３月27日）の判決もほぼ同じ判旨によって遺族の宝塚市に対する請求を棄却している。

※13 法が命令・制限・禁止等の定めをしていることの反射として、ある人が受ける利益をいう（藤木英雄他編「法律学小辞典（増補版）」有斐閣）。

の判示に照らすと、その判断にあたって考慮される要素は、おおむね、①当該権限を定めた法令の趣旨、目的、②権限の特質ないし性質、③権限が行使されなかった場合に生じる不利益又は損害の性質及び重大性、④権限行使の可能性（権限が行使されなかった場合に生じる不利益又は損害の予見可能性及び回避可能性）に整理されるものと解されるとの指摘もある（小早川＝青柳・判例行政法３・303頁）。

この点に関して補足すれば、判例の傾向としては、生命、身体及び健康上の重要な利益については、法令の目的を柔軟に解釈し、責任を肯定する判断を重ねてきた反面、財産上の利益については、生命、身体及び健康上の重要な利益の場合と比べると責任の成立に限定的といわれており（藤山＝村田・行政争訟649頁）、消防法は、国民の生命、身体を保護することを直接的な目的としていることから、行政権限の不行使による責任が認められやすい法類型といえる。また、消防法の中には、危険物関係では高度の専門的知見が要求される分野もあるが、防火対象物の違反処理において一般的、抽象的な火災危険で足りるとされている場面では、それほど高いレベルの判断基準は求められず、かつ、関係者の利害に影響の少ない規制権限ほど権限不行使の責任が認められる可能性が高い。さらに、予見可能性・（結果）回避可能性については、その当時の科学的・技術的知見の普及程度や被害が現に顕在化していたか、行政庁の認識あるいは認識可能性等を総合して判断されることになろう。

(5)　なお、同じカラオケ店火災で死亡した３名の遺族が提起した損害賠償請求事件（神戸地判平成27年３月27日）の控訴審判決（大阪高判平成28年１月28日）は、査察等の立入検査の権限不行使の違法の基準について、以下のとおり判示している。

「査察等の立入検査は、消防法第４条第１項本文を根拠規定とするが、同規定は、消防機関が消防対象物の実態を把握することにより関係者に対し火災予防上必要適切な指導を行うことを目的として、消防長又は消防署長等が消防職員等に命じて立入検査権限を行使することができることを定めた権限規定であり、行政庁に対し直接立入検査権の行使を義務付けたものではない。むしろ、査察が、公権力による財産権や営業の自由等憲法上の権利に対する重大な侵害でもあることからすると、その実施は、査察の必要性と相手方の受ける不利益等との比較較量によって社会通念上相当な限度で行われるよう慎重に判断されるべきものといえる。そして、これら査察の必要性等は、消防対象物の用途等に内在する危険性、過去の火災事例からの経験則及び管内の防火対象物の数、構造、規模、気候等とこれに対応する消防機関の執行態勢、ほかの採り得る手段等を総合考慮して判断されるべきものからすると、査察対象をどのように選び出し、いつ、どのようにするかについての判断は、上記の点や予防行政等について専門的知見や情報を有する消防署長ないし消防長等の合理的な裁量に委ねるほかないというべきである。

もっとも、上記のとおり査察が予防行政上極めて重要な責務であることからすると、行政庁が査察を行わないことが裁量の範囲を逸脱し、社会通念上不合理と認められる場合には、これを行わなかったことが義務違反となる場合があると解される。

なお、控訴人らは、調査権限の行使は、規制権限行使の場合と異なり、調査をしなければ危険があるかどうかわからないのであるから、抽象的にでも危険の予見が可能であれば行使されるべきである旨主張する。確かに、抽象的危険が予見されるにとどまる場合であっても査察を行わないことが著しく不合理な場合も想定し得ないではないが、抽象的な予見可能性があるすべての場合に査察を行わなければ裁量の範囲を逸脱しているとはいえないのであって、結局、当時の具体的状況に照らし、査察を行わないことが著しく不合理と認められる場合にはじめて裁量権を逸脱したものというべきである」

査察実務においても、上記の要件論や考慮要素、裁判例を踏まえつつ、前掲神戸地裁判決が適示した「具体的な事情の下において、被害の重大性・切迫性、本件火災なり災害が発生することの予見可能性の有無、それに対する規制の容易性・可能性及び結果回避可能性の有無、その他、権限行使の影響・弊害の有無程度、規制権限の補充性（他に適切な手段がないこと）等を考慮し」つつ、「規制権限の不行使が著しく合理性を欠くこと」の判断基準をできる限り具体化・明確化していくことが求められる。

(6) カラオケ店にいた女子中学生は、何故、助かったのか？

規制権限不行使を巡る問題とは別に、宝塚市カラオケ店火災では、当時来店していた中学生３名が消防・救急隊員に救助されて一命をとりとめた。その際の出来事について、平成19年１月23日の毎日新聞記事は、以下のとおり報道している。

「兵庫県宝塚市カラオケボックス火災　死傷者３人、１人重傷の明暗を分けたのは、消防隊員の指示だった。

女子中学生の１人が火災発生直後、携帯電話で119番通報。消防本部の男性管制課員（39）は『低い姿勢で煙を吸わないようにして。間もなく消防隊が到着するから待っていてください。』『煙が入ってくるのでドアは開けないように。消防隊員が着いたら、ドアをたたいて知らせるように』とアドバイス。女子中学生のうち１人は自力で脱出。その後、通報した女子中学生を含む３人は、現場に到着した消防・救急隊員に救出されたが、管制課員のアドバイスを守り、身を低くしていたとみられる」

Q22 特例認定を受けている防火対象物について、1年ごとに義務付けられている定期点検報告が、前回点検から1年を超えて当該年度内に行われていた場合、消防機関は当該特例認定を取り消さなければならないのか。

A

法令上1年ごとに義務付けられている点検報告の期限が、実際の運用としては期間としての1年となる当該年月日を含む年度内と広く解釈されていた社会事実が広く認められ、全国的にも多くの防火対象物について上記解釈に従って点検報告が是認され、それに基づいて特例認定がされていたとすれば、当該点検報告が消防法の規定に形式的には適合していなかったとしても、実定法上は正当なものと解することは可能である。

6 特例認定の取消しと定期点検報告

(1) 防火対象物に設置された消防用設備等や特殊消防用設備等については、定期的な点検の実施とその結果の消防署長等への報告が義務付けられており、平成28年度には、消防本部における点検報告率向上のための優良な取組を全国の消防本部へ展開し、消防本部による防火対象物の関係者への指導等の強化を図るとともに、延べ面積1,000㎡未満の小規模な宿泊施設、共同住宅、飲食店等の関係者が、自ら消防用設備等の点検及び報告書を作成することを支援するため、令和2年3月31日から「消防用設備等点検アプリ（試行版）」の提供を開始し（令和2年版消防白書82頁）、すでに本格的な運用が開始されている（令和３年３月31日付け消防予第131号）。

一方、消防法施行規則第31条の６第１項は、防火対象物の定期点検について、種類及び点検内容に応じて、１年以内で消防庁長官が定める期間ごとに行うと定めており、この規定を受けて、平成16年５月31日消防庁告示第９号では、点検の期間について、機器点検は６月、総合点検は１年と定められている。

また、定期点検の報告については、消防法施行規則第31条の６第３項が、前第２項の規定により点検を行った結果を、……次の各号に掲げる防火対象物の区分に従い、当該各号に定める期間ごとに消防長又は消防署長に報告しなければならないと定め、令別表第一（一）項の防火対象物は「１年に１回」と定めている。

なお、点検結果の報告は、当該防火対象物が完成した日を起点として行い、機器点検と総合点検の両方について最も新しい点検結果を報告しなければならないとされている（消防基本法制研究会・逐条消防法591頁）。

⑵　まず、定期点検と報告の起点は一致しなければならないのかという点については、点検済証が消火器用と設備用に分かれており、また、報告については、「機器点検と総合点検の両方について最も新しい点検結果を報告しなければならない」と解説されていることからも、法令上は、両点検相互間の起点や両点検と報告の起点はそれぞれ異なることが想定されていると考えられる。

⑶　次に、点検報告義務を定めた「１年に１回」の法解釈について検討する。

点検及び報告ともに、条文上は、「期間ごとに」行うことが明記されているが、この「期間ごとに」の解釈については、期間を定めた民法の条文（第139～143条）が参考になる。まず、民法第141条は「期間は、その末日の終了をもって満了する」と規定し、同法第

143条第１項は、「週、月又は年によって期間を定めたときは、その期間は、暦に従って計算する」と規定されている。コンメンタール民法（日本評論社）によれば、「『暦に従って』とは、月をもって定めた場合は、年月日かの同日、年をもって定めた場合は、年日かの同一月日が満了日である」とされている（同262頁）。

こうした条文を踏まえて厳格に文理解釈すると、規則第31条の６第３項第１号の防火対象物について、平成28年４月１日に点検報告をした場合、次回の報告日（応答日）は、１年の期間満了日である平成29年４月１日ということになるが、実務上、点検報告日が１年のうちたった１日だけに限定されていると解することは社会通念に照らしても相当ではなく、むしろ当該満了日を含む一定の幅が許容されると解すべきである。

この点、運転免許証の更新については、免許証の更新を受けようとする者の誕生日の前後１か月が更新期間と規定されていることから（道路交通法第101条第１項）、消防法の点検報告についても、満了日の前後１か月の幅を許容するという解釈も成り立ち得るところであるが、法実務的な感覚としては、当該満了日を含む当月内と解することが最も合理的で自然な解釈ではないかと考える。

さらに、「１年に１回」を「１（毎）年度に１回」と読み替えることについては、文理解釈上も無理があることに加え、「年度」は、４月から３月までの一般社会の年度以外にも会計年度や各種団体における固有の年度に分かれており、その期間（始期と終期）は多岐に及ぶことから、必ずしも適切な法解釈とはいえない。

(4)　では、特例認定を受けた防火対象物について、１年を超えて当該年度内に点検報告がなされた場合、消防機関は、点検報告義務違反を理由として特例認定を取り消さなければならないのだろうか。

確かに、消防法第８条の２の３第６項第３号は、同条第１項第３号に該当しなくなったときは、特例認定を取り消さなければならないと規定しており、条文上は、取消要件に該当する場合には取消しについて行政の裁量権の余地がなく、羈《き》束《そく》されているようにも見えるが、一般的な行政法の解釈においては、権力発動要件が充足されている場合にも行政庁はこれを行使しないことができるとの考え方がある（行政便宜主義）。すなわち、仮に形式的には法所定の処分要件に該当する事実があったとしても、当該事実関係の下において処分を行わなくても、実質的にみて、例えば公共の安全と秩序を乱すおそれがないなど行政目的の達成のためにその処分が必要でない場合にその処分をすべきでないことはもちろん、仮にそのようなおそれがある場合にも、事態を放置することによって発生する弊害の程度が低く、かつ当該処分を行うことによって発生する権利自由の制限がこれを大きく上回るときは、行政庁はその権限を行使することができないと考えるべきであり、ここで、「比例原則」が、行政目的とその手段の関係において規律することになる（藤山＝村田・行政争訟89頁）。

また、特例認定の取消しは不利益処分となり、取消要件の充足の判断においては行政裁量が介在するが、行政裁量の行使にあたっては「平等原則」や「比例原則」といった憲法上の諸原則及び条理ないし社会通念上の諸原則に違反してならないとされており、その意味で、比例原則は、一定の場合には、明文の規定がなくとも、処分権限の発動要件そのものを構成しているものと考えられる（藤山＝村田・行政争訟89頁）。この点、スコッチライト事件（大阪高判昭和44年９月30日高民集22巻５号682頁）は、関税定率法別表該当物品として30パーセントの税率で関税を賦課徴収した神戸税関長の判断に対し、他の税関長などが20パーセントの税率としていたことから、原告が神戸税関長による該当税率での賦課徴収を憲法84条、14条違反と主張したものである。これに対し、裁判所は、全国の税務官庁の大多数が、事実上、特定の期間特定の課税物件について、法定の課税標準ないし税率より軽減された課税標準ないし税率で課・徴税処分をして、しかも、その後、法定の税率による税金と軽減された税率による税金の差額を実際に追徴したことがなく、かつ追徴する見込みもない状況にあるときには、「租税法律主義ないし課・徴税平等の原則により、右状態の継続した期間中は、法律の規定に反して多数の税務官庁が採用した軽減された課税標準ないし税率が、実定法上正当なものとされる」と解した。

(5) 上記裁判例の法理によれば、仮に、消防行政の運用として、1年ごとに義務付けられている点検報告の期限が、実際の運用としては「期間としての1年となる当該年月日を含む年度内」と広く解釈されていた社会事実が広く認められ、全国的にも多くの防火対象物について上記解釈に従って点検報告が受理（是認）され、それに基づいて特例認定がされていたとすれば、当該点検報告が消防法の規定に形式的には適合していなかったとしても、実定法上は正当なものと解することは可能である。したがって、こうした社会的実態を顧みず、本件防火対象物のみについて特例認定を取り消すことは比例原則や平等原則に違反しているとの結論も導かれ得るのではないだろうか。

Q23 消防法施行令第13条第1項が規定する防火対象物の「駐車の用に供される部分」とは、具体的にはどのような面積や範囲を意味するのか？

A

駐車の用に供される部分の床面積は、その部分の存する階の床面積（壁心による水平投影面積）から、自動車を駐車し得ない部分並びに出火・延焼の危険性及び消火困難性の認められない部分の面積を控除して算定する。

7 「駐車の用に供される部分」の解釈

(1) 著者が、被告（札幌市）の代理人を担当した訴訟として、消防用設備等設置命令を巡る２つの事件がある。札幌市東消防署長が発した消防用設備等設置命令の名宛人である原告（法人）が、消防用設備等設置命令処分の取消訴訟（札幌地判平成24年２月10日・**参考資料⑴**113頁参照）（以下、「取消訴訟」という。）と、同命令が違法であることを理由とした国家賠償請求訴訟（同平成24年３月28日・**参考資料⑵**125頁参照）（以下、「国賠訴訟」という。）を提起したが、いずれも第一審判決が請求棄却の判決を言い渡した後、原告の控訴取下げ（民訴法第292条第１項）により第一判決が確定した（いずれも公刊物未登載）。

(2) ２つの事件では当該消防用設備等の設置命令の適法性が問題となったが、実質的な争点は、原告が所有する防火対象物地下１階の駐車場の床面積について、消防法施行令第13条第１項が規定する「駐車の用に供される部分」として200㎡以上であるか否かという点であった。まず、2つの事件において注目すべきポイントは、問題となっている防火対象物が完了検査（建築基準法第7条第1項）を経ていないため、建築基準法上の床面積が確定されていないという特殊事情が存在したことがあげられる。こうした前提をふまえて、2つの事件の判決は防火対象物の地下1階について「駐車の用に供される部分」の床面積が200㎡以上であると判断し、原告の請求を棄却したが、結論を導く判決理由の中では異なる判断基準が示された。

(3) まず、「消防法施行令解説〈第二版〉」（消防基本法制研究会編著・近代消防社）は、消防法施行令第13条第1項に規定する「駐車の用に供される部分」について、次のとおり解説している。

① 「一般火災の特性と自動車の燃料タンク内のガソリン又は軽油による火災の特性の両方を有しており、出火危険及び延焼危険性が高く、かつ、消火困難性を有する」

② 「主として自動車を駐車する部分のほか、駐車場内の車路が含まれる。しかし、駐車場にいたる外部の誘導路（ランプ）は含まれない」

また、札幌市消防局が、火災予防に係る事務を行う際の運用上の質疑を取りまとめて作成した「予防事務質疑応答集」においては、設置する階全体の出火危険及び火災拡大危険の排除の観点から、地階駐車面積を算定することとしているが、「車両が進入できない措置を講じている部分は、『駐車の用に供される部分』の面積から除いても差し支えない」との運用を行っていた。

(4) 上記の運用を踏まえて、取消訴訟判決は、消防法施行令第13条第1項にいう「駐車の用に供される部分」の床面積につき、「単に個々の車両の駐車に必要な部分の床面積の合計ではなく、駐車場の存する空間の広狭を示す床面積、すなわち、建築物の天井、床及びそれに準じた間仕切り等によって区画された駐車場用の空間の床面積」であるとし、本件各防火対象物の地下１階の空間を直方体状とみて、「対面する壁との距離（内寸）」（＝実測の床面積）を基準として床面積を算定した。

一方、国賠訴訟判決は、消防法施行令第13条第１項にいう「駐車の用に供される部分」について、「消防法令には建物の床面積の算定方法に関する規定は置かれていないが、建築基準法施行令２条１項３号に床面積の算定方法が規定されており、消防法令上の床面積と建築基準法令のそれとを別異に解する理由はないから、消防法令の床面積も、同号の規定と同様に算定すべきものと解することができる」とし、また、「区分建物以外の建物については、特段の事情がない限り、登記記録に記録された床面積をもって、建築基準法令上の床面積、すなわち消防法令上の床面積であると推認するのが相当である」との判断を示したうえで、「駐車の用に供される部分の床面積は、その部分の存する階の床面積（壁心による水平投影面積）から、『駐車の用に供される部分』に当たらない部分、すなわち、自動車を駐車し得ない部分並びに出火・延焼の危険性及び消火困難性の認められない部分の面積を控除して算定することになる」との基準を示した。

(5)　２つの事件の判決を比較した場合、国賠訴訟判決が示した判断基準の方が消防実務における運用に近い考え方といえる。これは、著者の個人的感想であるが、同訴訟の審理において、床面積の算定方法（建築基準法令上の床面積、登記上の床面積、実測の床面積）に関する主張・立証がより充実していたことが起因しているのではないかと推察される。また、明確な争点ではなかったが、取消訴訟において、駐車場内の傾斜路（スロープ）を「駐車の用に供される部分」として床面積に算入すべきか否かが問題となり、全国の政令都市の消防機関に照会したところ、各政令都市間で取り扱いが異なっていることが判明した。この点については、今後の課題として、全国的に統一した運用・解釈を図ることが望ましいと思われる。

(6) なお、上記の問題に関連して、訴訟において法令解釈や行政解釈の位置づけが争点となった判例を２つ紹介する。

まず、最一小判昭和46年６月24日（民集25巻４号574頁）は、執行吏がした未登記立木に対する強制執行の方法に誤りがあるとして争われた事案について「ある事項に関する法令解釈につき異なる見解が対立し、実務の取り扱いも分かれていて、そのいずれについても相当の根拠が認められる場合に、公務員がその一方の見解を正当と解しこれに立脚して公務を執行したときは、のちにその執行が違法と判断されたからといつて、ただちに右公務員に過失があったものとすることは相当でない」と判示した。

また、最一小判平成16年１月15日（民集58巻１号226頁）は、上陸許可を得て日本に上陸し、上陸期間経過後も残留している外国人が、国民健康保険法５条にいう「住所を有する者」に該当し、被保険者に当たるかが争われた事案（当該市町村は、厚生省の課長通知に従って、被保険者証を交付しない旨の処分をした。）について、「国民健康保険は、市町村が保険者となり、その区域内に住所を有する者を被保険者として継続的に保険料等の徴収及び保険給付を行う制度であることに照らすと、法５条にいう『住所を有する者』は、市町村の区域内に継続的に生活の本拠を有する者というものと解するのが相当である。(中略) 法５条が、日本国籍を有しない者のうち在留資格を有しない者を被保険者から一律に除外する趣旨を定めた規定であると解することはできない」と判示した。

また、上記最判は、前掲最一小判昭和46年６月24日の判旨を引用しつつ、社会保障制度を外国人に適用する場合には、そのよって立つ社会連帯と相互扶助の理念から、国内に適法な居住関係を有する者のみを対象者とすることが一応の原則であると解されていることに照らせば、厚生省の課長通知等には相当の根拠が認められることや、在留資格を有しない外国人が国民健康保険の対象となるかどうかについては、定説がなく、下級審裁判例の判断も分かれていることなどを理由に、上記処分をした市の担当者や通知を発した国の担当者に過失があったということはできないとして、市町村や国に対する国家賠償責任は否定した。

(7) 一方、被告は、上記2つの事件において、過去の指導経過に基づき消防機関が地下駐車場に特殊消火設備等を設置していないことを容認してきたとの主張もしていたが、取消訴訟の裁判所は、「仮に、被告が本件各処分の以前においては本件各建物の地階1階の状況等を認識しながら原告に対して水噴霧消火設備等の設置を命ずるようなことはしていなかったとしても、そのことが直ちに本件各処分の効力に影響を与えるということはできない」としたうえで、「札幌市東消防署長は、平成12年3月以降、(中略) 原告に対し、口頭、改善通知書又は警告書によって、本件各建物の地階1階について、水噴霧消火設備等を設置するか、石膏ボードで区画するなどして駐車面積を減じる措置をとるよう度々指導してきたと認められるのであって、被告において、原告が主張するような『容認』なるものをしてきたと評価すべき事情を認めることもできない」として、被告の上記主張を排斥した。

被告の上記主張は、行政法におけるいわゆる「失効(又は失権)の原則」と呼ばれる考え方に基づくものと考えられる。「失効の原則」とは、行政法上の権利や権限が、長期にわたって行使されないことによりその行使が許されなくなるとう原則であり、ドイツでは判例学説によりこの法理が承認されている。

この点、最判昭和62年10月30日(判時1262号91頁)は、所轄税務署長がXの昭和46年分ないし50年分の所得税の青色申告を受理した後、Xが青色申告の承認を受けていないことに気付き、昭和51年3月に至り、昭和48・49年分の所得税につき、青色申告の諸特典の適用を否定する課税処分を行い、Xがその課税は信義則に反するとして当該処分の効力を争った事案において、「租税法規の適用における納税者間の平等、公平という要請を犠牲にしてもなお当該課税処分に係る課税を免れせしめて納税者の信頼を保護しなければ正義に反するといえるような特別の事情が存する場合に、初めて信義則の法理の適用の是非を考えるべき」と判示したうえで、その「特別な事情」として、少なくとも「税務官庁が納税者に対し信頼の対象となる公的見解を示したことにより、納税者がその表示を信頼しその信頼に基づいて行動したところ、のちに右表示に反する課税処分が行われ、そのために納税者が経済的不利益を受けることになったものであるかどうか、また、納税者が税務官庁の右表示を信頼しその信頼に基づいて行動したことについて納税者の責めに帰すべき事由がないかどうかという点の考慮は不可欠なものであるといわなければならない」と述べている。

そして、上記最判を踏まえて、「我が国の判例において信義則による課税権の喪失が法理論として容認されている以上、行政権限の失効のみが容認されない理由も見い出し難い」との指摘（藤山＝村田・行政争訟・78頁）もあることから、消防機関による行政指導や措置命令についても、信義則や信頼保護を根拠とする権限失効の可能性を考えておく必要があろう。

【参考資料(1)】

平成24年2月10日判決言渡　同日原本領収　裁判所書記官

平成23年（行ウ）第11号消防用設備等設置命令処分取消請求事件

口頭弁論終結日　平成23年12月16日

判　　　　決

札幌市中央区○○○○○○○○

原　　　　告	株式会社○○○
同代表者代表取締役	○　○　○　○

札幌市中央区北1条西2丁目

被　　　　告	札　　幌　　市
同代表者市長	上　田　文　雄
処分行政庁	札幌市東消防署長
被告訴訟代理人弁護士	木　下　尊　氏
同指定代理人	○　○　○　○
同	○　○　○　○
同	○　○　○　○
同	○　○　○　○
同	○　○　○　○
同	○　○　○　○

主　　　　文

1　原告の請求をいずれも棄却する。

2　訴訟費用は原告の負担とする。

事実及び理由

第1　請求

札幌市東消防署長が、平成22年12月21日付け札消東予第968号及び第969号をもって原告に対してした各水噴霧消火設備等設置命令は、これを取り消す。

第２　事案の概要

本件は、原告が被告に対し、原告所有の建物について被告設置の消防署の長がした消火設備等設置命令は、消防法及び同法施行令所定の要件を欠く違法なものであると主張して、同命令の取消しを求めた事案である。

１　前提となる事実（文末の括弧内は認定に用いた証拠等）

⑴　原告所有の建物の状況等

ア　原告は、別紙物件目録１及び２記載の建物を所有している（以下、同目録１記載の建物を「本件建物１」、同目録２記載の建物を「本件建物２」といい、本件建物１と本件建物２を合わせて「本件各建物」という。争いがない）。

イ　本件建物１は、その地上階に物品販売業を営む店舗、美容室及び共同住宅のある、消防法８条１項所定の複合用途防火対象物である（乙１の１）。

本件建物１の地下１階の概況は、別紙図面１のとおりであり、主として駐車場として利用されているが、水噴霧消火設備等（水噴霧消火設備、泡消火設備、不活性ガス消火設備、ハロゲン化物消火設備又は粉末消火設備をいう。以下同じ。）はない（甲５、乙１の１）。

ウ　本件建物２は、その地上階に飲食店及び共同住宅のある、消防法８条１項所定の複合用途防火対象物である（乙６の１）。

本件建物２の地下１階の概況は、別紙図面２のとおりであり、主として駐車場として利用されているが、水噴霧消火設備等はない（甲６、乙６の１）。

⑵　原告に対する水噴霧消火設備等の設置命令

被告が設置する消防署の長である札幌市東消防署長は、平成22年12月21日付けで、原告に対し、本件建物１につき札消東予第968号及び本件建物２につき同第969号をもって、いずれも消防法17条１項に違反するとして、同法17条の４第１項に基づき、本件各建物の地下１階の駐車の用に供される部分に水噴霧消火設備等のいずれかを平成23年２月28日までに設置するようそれぞれ命令した（以下、この各命令を「本件各処分」という。乙５、10）。

(3)　法令の定め

ア　消防法17条１項は、同法８条１項所定の複合用途防火対象物その他の防火対象物の関係者は、政令で定める消防の用に供する設備、消防用水及び消火活動上必要な施設について消火、避難その他の消防の活動のために必要とされる性能を有するように、政令で定める技術上の基準に従って、設置し、及び維持しなければならない旨定めており、これを受けて、同法施行令13条１項は、防火対象物の駐車の用に供される部分で、当該部分の存する階（屋上部分を含み、駐車するすべての車両が同時に屋外に出ることができる構造の階を除く。）における当該部分の床面積が、地階又は２階以上の階にあっては200平方メートル以上、１階にあっては500平方メートル以上、屋外部分にあっては300平方メートル以上のものには、水噴霧消火設備等のいずれかを設置するものとする旨定めている。

イ　消防法17条の４第１項は、消防署長は、同法17条１項の防火対象物における消防用設備等が設置等技術基準に従って設置され、又は維持されていないと認めるときは、当該防火対象物の関係者で権原を有するものに対し、当該設備等技術基準に従つてこれを設置すべきこと、又はその維持のため必要な措置をなすべきことを命ずることができる旨定めている。

2　争点及び当事者の主張

本件の争点は、本件各建物の地下１階の「駐車の用に供される部分」(消防法施行令13条１項）の床面積が200平方メートル以上あるかどうかであり、この点に関する当事者の主張は以下のとおりである。

（被告の主張）

⑴　消防法施行令13条１項にいう床面積は、建築基準法施行令２条１項３号にいう床面積と同義であると解すべきところ、本件各建物の不動産登記簿によれば、本件建物１の地下１階部分の床面積は349.97平方メートル、本件建物２の床面積は252.00平方メートルである。

そして、これらの床面積から、物理的に車両が進入できない措置が講じられている部分の面積（本件建物１につき24.628平方メートル、本件建物２につき18.721平方メートル）を除いた部分が、「駐車の用に供される部分」であるから、同部分の床面積は、本件建物１については325.342平方メートル、本件建物２については233.279平方メートルとなり、いずれも200平方メートル以上である。

⑵　なお、原告は、消防法施行令13条１項にいう「駐車の用に供される部分」には車路が含まれない旨主張する。

しかしながら、車両が通過することを目的とする車路であっても、ガソリン、軽油等の燃料を保有した車両が走行する部分であることから、出火危険という点では本質的には駐車専用スペース（主として自動車を駐車する部分）と異なることはなく、むしろ、車両のエンジンが作動しているという意味ではエンジンを停止した駐車中の車両より出火危険がより高い箇所ともいえる。また、上部が閉鎖された「建物の内部空間」をいう意味では駐車専用スペースも車路も何ら差異がない。これらに照らせば、同項にいう「駐車の用に供される部分」とは、原則として主として自動車を駐車する部分（駐車専用スペース）の他に車が走行する駐車場内の車路をも包括する広範な概念であり、そこにおいては、当然に上部が開放されている外部の誘導路（一般道路から駐車場に至るまでの車路）は除外されると解すべきである。以上によれば、同項にいう「駐車の用に供される部分」に車路が含まれないとの原告の主張は失当である。

（原告の主張）

⑴　本件各建物の完了検査は行われていないから、本件各処分を行うに当たり正しい床面積の数値は現在も分かっていないというべきである。

⑵　本件建物１の地階の利用状況は、別紙図面１のとおりであり、作業場、車両駐車スペース、臨時駐車場、物置、エレベーター、ボイラー置き場、屋外・屋内傾斜路及び車路として使用されており、このうち「駐車の用に供される部分」の面積は86.68平方メートルである。また、本件建物２の地階の利用状況は、別紙図面２のとおりであり、作業場、車両駐車スペース、物置、エレベーター、ボイラー置き場、屋内傾斜路及び車路として使用されており、このうち「駐車の用に供される部分」の面積は100.91平方メートルである。

消防法施行令13条１項にいう「駐車の用に供される部分」は、主として自動車を駐車するために供される部分、すなわち、現に駐車の用に供されている部分であって、車路は含まないというべきである。車路に駐車をすれば地階内の車両は走行できない上、消火活動を行うこともできないのであるから、車路に駐車をすることはないし、してはならないというべきである。地階に駐車スペースがあるからといって、単純に地階部分の全部の面積が駐車の用に供されるものではない。地階の駐車場は、一般的火災のパターン及び自動車が燃料タンクにあるガソリン又は軽油を保有していることによる油火災のパターンを有しており、出火危険及び延焼危険性が高く、かつ、消火困難性を有するから同項の対象とするというその趣旨に照らせば、主として自動車の駐車の用に供していない部分は、このような危険は乏しいから、対象面積に参入する必要性がないし、被告も、本件各処分の以前においては、本件各建物の地下1階について、水噴霧消火設備等を設置していないことを容認してきたものである。

第3　当裁判所の判断

1　消防法施行令13条1項の「駐車の用に供される部分」の意義について

消防法施行令13条1項は、防火対象物の関係者に対して政令で定める消防用設備等の設置及び維持を義務付ける同法17条1項の規定を受けて、防火対象物の「駐車の用に供される部分」について、それが駐車するすべての車両が同時に屋外に出ることのできる構造の階にあるのでない限り、地階又は2階以上の階、1階、屋上部分の区分け毎に定められた一定の床面積以上のものである場合（地階にあっては床面積が200平方メートル以上のものである場合）に、水噴霧消火設備等の設置及び維持を必要とするものであるところ、その趣旨は、一般に、建築物内の駐車場には、駐車場に出入りする車両がガソリン等の燃料を保有していることに起因して車両自体が出火し、他の車両や建築物に延焼したり、建築物に火災が生じて車両が延焼したりする危険があり、かつ、その危険の度合いや消火活動の困難さが、駐車場の存する空間の広狭及び車両の出入りの難易等にある程度比例すると考えられることから、駐車するすべての車両が同時に屋外に出ることができ、車両の出入りが極めて容易な部分については、「駐車の用に供される部分」としての規制の対象外とし、他の部分については、比較的車両の出入りが容易で消火活動もし易いと思われる1階、開放的で建築物に対する延焼等の危険が少ないと思われる屋上部分、さらにはそのような事情のない地階又は2階以上の階の区分け毎に、基準となる床面積を定めて、その基準となる床面積以上のものについて、水噴霧消火設備等の設置及び維持を必要とするものである。したがって、同法施行令13条1項にいう「駐車の用に供される部分」の床面積は、単に個々の車両の駐車に必要な部分の床面積の合計ではなく、駐車場の存する空間の広狭を示す床面積、すなわち、建築物の天井、床及び壁又はそれに準じた間仕切り等によって区画された駐車場用の空間の床面積であり、その空間内にある限り、個々の車両の駐車に必要な部分はもちろん、車両や乗務員等の通路部分、さらには、什器備品その他の動産類が置かれるなどして、実際には駐車場として利用されていない部分も、同項にいう「駐車の用に供される部分」に含まれるものと解するのが相当である。

2　本件各建物地下1階の「駐車の用に供される部分」の床面積について

(1)　以下、本件各建物地下1階のうち、天井、床及び壁又はそれに準じた間仕切り等によって区画された駐車場用の空間の床面積が200平方メートル以上かどうかを検討する。

(2)　乙1の5によれば、本件建物1の地下1階の天井、床及び壁で区画された空間は、北西部の出入口及びスロープを除いてほぼ直方体状のものであり、対面する壁との距離（内寸）は、東西方向が21.220メートル、南北方向が15.573メートルであると認められるから、同空間を直方体とみたときの底面の面積は、330.459平方メートル（小数点第4位以下四捨五入。以下同じ。）と算出される。また、乙1の5によれば、上記の底面のうち北西部の出入口5.050平方メートルには天井がないほか、本件建物１の地下１階には、上記の底面に占める面積が合計24.628平方メートルと算出されるエレベータ施設、壁面様の物置及び柱のあることが認められるところ、このような天井のない部分、エレベータ施設、壁面様の物置及び柱のある部分は、いずれも、建築物の天井、床及び壁又はそれに準じた間仕切り等によって区画された駐車場用の空間には含まれないというべきであるから、これらの部分の面積合計29.678平方メートルを上記の330.459平方メートルから控除すると、残る上記の底面の面積は、300.781平方メートルと算出される。この300.781平方メートルが、本件建物１の地下１階の「駐車の用に供される部分」の床面積であるから、同床面積は、200平方メートル以上である。

(3)　乙６の６によれば、本件建物２の地下１階の天井、床及び壁で区画された空間は、北西部のスロープを除いてほぼ直方体状のものであり、対面する壁との距離（内寸）は、東西方向が19.340メートル、南北方向が11.993メートルであると認められるから、同空間を直方体とみたときの底面の面積は、231.944平方メートルと算出される。また、乙６の６によれば、本件建物２の地下１階には、上記の底面に占める面積が合計18.721平方メートルと算出されるエレベータ施設、壁面様の物置及び柱のあることが認められるところ、このようなエレベータ施設、壁面様の物置及び柱のある部分は、いずれも、建築物の天井、床及び壁又はそれに準じた間仕切り等によって区画された駐車場用の空間には含まれないというべきであるから、これらの部分の面積合計18.721平方メートルを上記の231.944平方メートルから控除すると、残る上記の底面の面積は、213.223平方メートルと算出される。この213.223平方メートルが、本件建物２の地下１階の「駐車の用に供される部分」の床面積であるから、同床面積は、200平方メートル以上である。

(4) なお、原告は、本件各建物の完了検査が行われていないから、正しい床面積は現在も分かっていないというべきであるなどと主張しているが、完了検査の有無にかかわらず、実測によって床面積を算出することは可能であるし、また、乙1の5・13、6の6・8によれば、前記(2)及び(3)において床面積を算出するのに用いた乙1の5及び6の6は、いずれも札幌市東消防署の係員が本件各建物の地下1階に臨んで実測した成果に基づいて作成された書面であることが認められるから、これによって床面積を算出することには、格別の問題はないというべきである。原告の上記主張はこれを採用することができない。

3 過去の「容認」について

原告は、被告が、本件各建物の地下1階について、水噴霧消火設備等を設置していないことを容認してきた旨の主張をしている。

しかしながら、仮に、被告が本件各処分の以前においては本件各建物の地下1階の状況等を認識しながら原告に対して水噴霧消火設備等の設置を命ずるようなことはしていなかったとしても、そのことが直ちに本件各処分の効力に影響を与えるということはできない上、乙1の13、6の8及び弁論の全趣旨によれば、札幌市東消防署長は、平成12年3月以降、本件建物2の地下1階が石膏ボードで区画されてその駐車の用に供される部分の床面積が200平方メートル未満となっていた時期を除き、原告に対し、口頭、改善通知書又は警告書によって、本件各建物の地下1階について、水噴霧消火設備等を設置するか、石膏ボード区画するなどして駐車めんせきを減じる措置をとるよう度々指導してきたと認められるのであって、被告において、原告が主張するような「容認」なるものをしてきたと評価すべき事情を認めることもできない。原告の上記主張は、これを採用することができない。

4　処分の適法性について

以上に認定したとおり、本件各建物は、いずれも原告が所有する複合用途防火対象物であるところ、その地下１階の駐車の用に供される部分の床面積がいずれも200平方メートル以上であることから、消防法17条１項及び同法施行令13条１項の規定により、原告は、同部分について、それぞれ水噴霧消火設備等のいずれかを設置すべき義務があるのに、その設置をしていないのであるから、同法17条の４第１項の規定により、消防署長は、原告に対し、同部分について、それぞれ水噴霧消火設備等のいずれかを設置すべきことを命ずることができる。

したがって、札幌市東消防署長が行った本件各処分は、いずれも適法であるといわなければならない。

5　結論

よって、主文のとおり判決する。

札幌地方裁判所民事第５部

裁判長裁判官　　石　橋　俊　一

裁判官　　松　本　　　真

裁判官　　佐　藤　　　薫

（別紙）

物　件　目　録

1　所　　　在　　札幌市東区〇〇〇〇〇〇〇〇

　　家 屋 番 号　　〇〇〇

　　建物の名称　　〇〇〇〇〇〇〇〇

2　所　　　在　　札幌市東区〇〇〇〇〇〇〇〇

　　家 屋 番 号　　〇〇〇

　　建物の名称　　〇〇〇〇〇〇〇〇

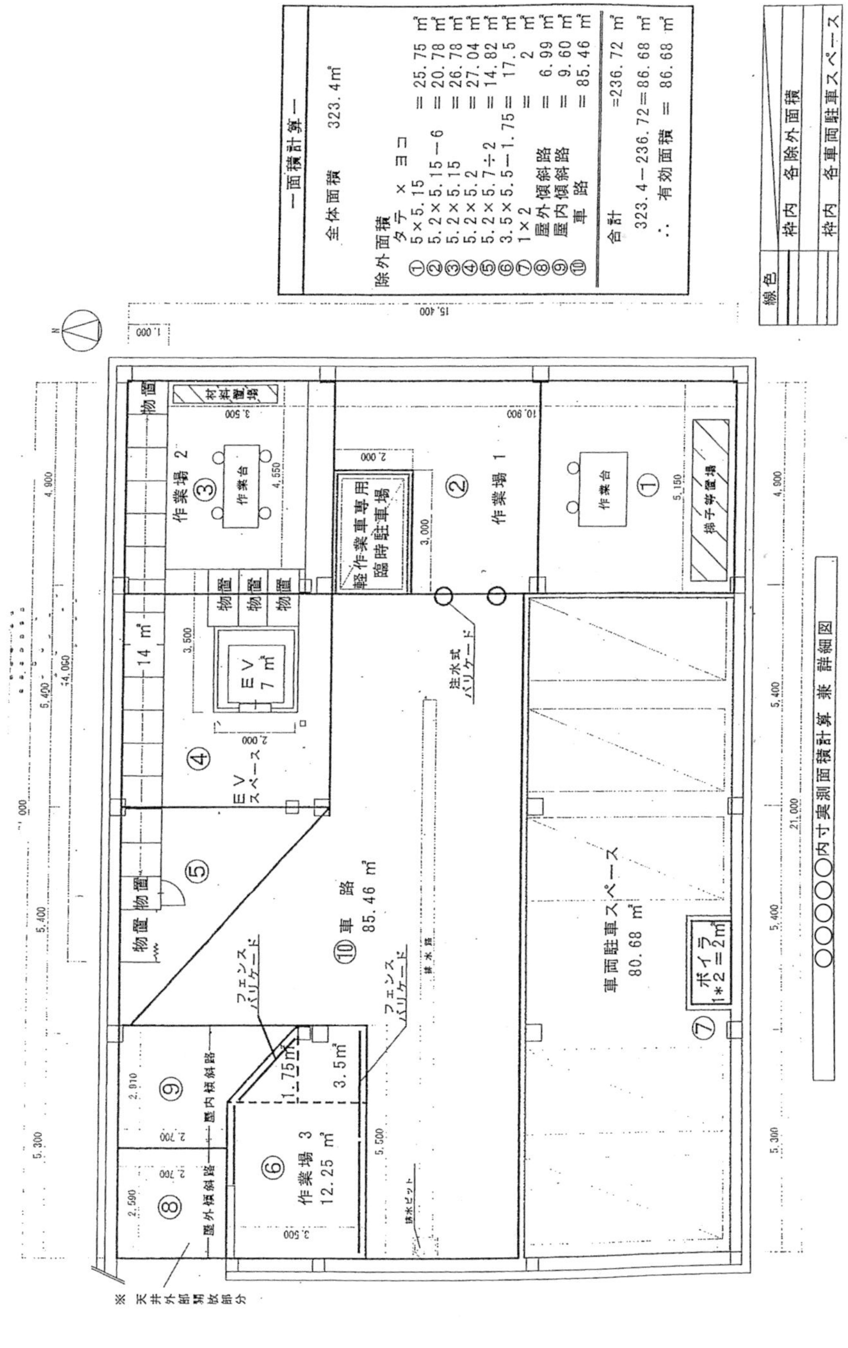
一面積計算一
全体面積　323.4㎡
除外面積
タテ × ヨコ
① 5×5.15 ＝ 25.75㎡
② 5.2×5.15－6 ＝ 20.78㎡
③ 5.2×5.15 ＝ 26.78㎡
④ 5.2×5.2 ＝ 27.04㎡
⑤ 3.2×5.7÷2 ＝ 14.82㎡
⑥ 3.5×5.5－1.75＝ 17.5㎡
⑦ 1×2 ＝ 2㎡
⑧ 屋外傾斜路 ＝ 6.99㎡
⑨ 屋内傾斜路 ＝ 9.60㎡
⑩ 車　路 ＝ 85.46㎡
合計 ＝236.72㎡
323.4－236.72＝86.68㎡
∴ 有効面積 ＝ 86.68㎡
線色
枠内　各除外面積
枠内　各車両駐車スペース
○○○○○内寸実測面積計算 兼 詳細図
作業場２ ③ 作業台
材料置場
物置
作業場１ ②
作業台 ①
梯子等置場
軽作業車専用臨時駐車場
注水式バリケード
14㎡
ＥＶ 7㎡
④ ＥＶスペース
⑤
⑩ 車路 85.46㎡
フェンスバリケード
作業場３ ⑥ 12.25㎡
1.75㎡
3.5㎡
⑨ 屋内傾斜路
⑧ 屋外傾斜路
車両駐車スペース 80.68㎡
ボイラ 1＊2＝2㎡
⑦
※天井外部開放部分
15,400
21,000
14,000

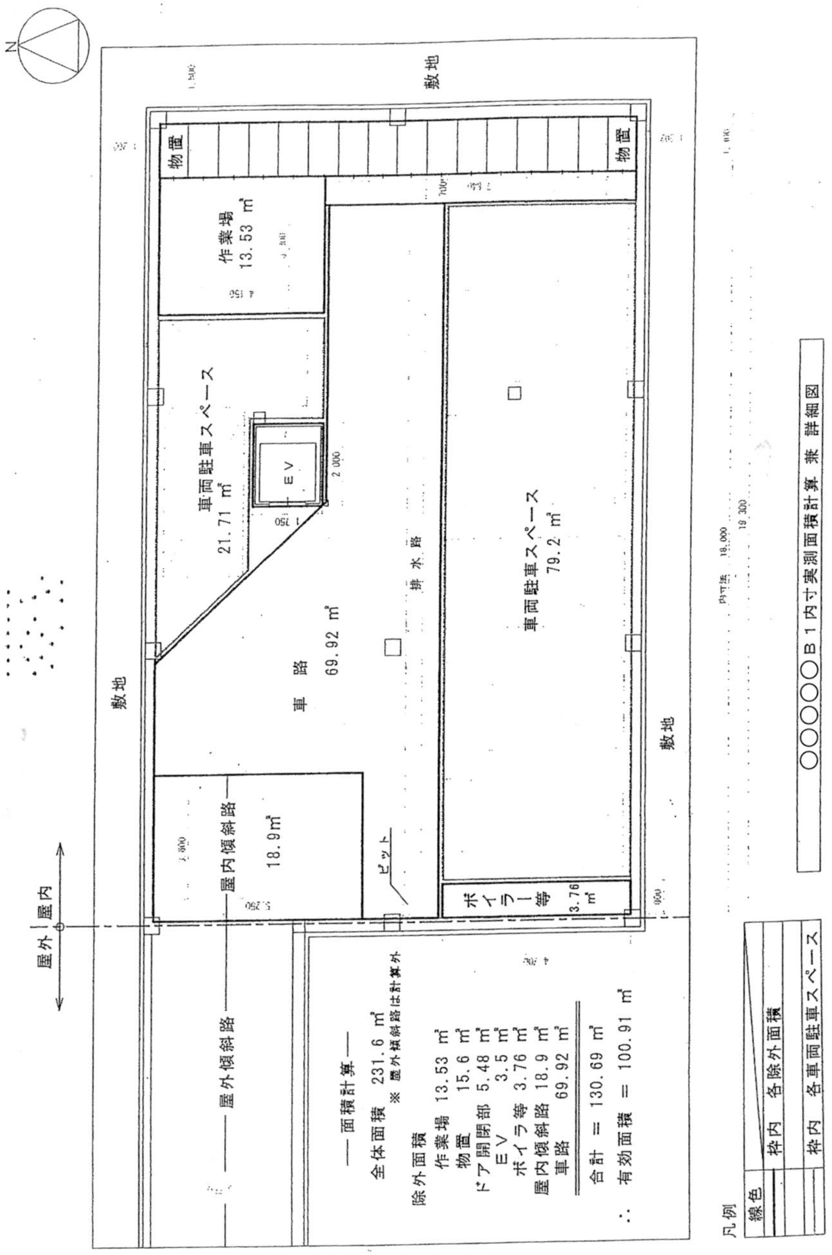
N
敷地
敷地
敷地
物置
物置
作業場
13.53 ㎡
車両駐車スペース
21.71 ㎡
EV
2,000
1,250
車路
69.92 ㎡
排水路
車両駐車スペース
79.2 ㎡
屋内傾斜路
18.9㎡
ピット
ボイラー等
3.76 ㎡
屋外
屋内
屋外傾斜路
―面積計算―
全体面積 231.6 ㎡
※屋外傾斜路は計算外
除外面積
作業場 13.53 ㎡
物置 15.6 ㎡
ドア開閉部 5.48 ㎡
EV 3.5 ㎡
ボイラ等 3.76 ㎡
屋内傾斜路 18.9 ㎡
車路 69.92 ㎡
合計 ＝ 130.69 ㎡
∴ 有効面積 ＝ 100.91 ㎡
内寸法 18,000
19,300
○○○○○B1内寸実測面積計算 兼 詳細図
凡例
線色
枠内 各除外面積
枠内 各車両駐車スペース

【参考資料(2)】

平成24年3月28日判決言渡　同日原本交付　裁判所書記官

平成23年（行ウ）第13号　消防用設備等設置命令処分取消等請求事件

口頭弁論終結日　平成24年1月18日

判　　　決

札幌市中央区○○○○○○○○

原　　　　　　　告　　株式会社○○○

同代表者代表取締役　　○　○　○　○

札幌市中央区北1条西2丁目

被　　　　　　　告　　札　　幌　　市

同代表者市長　　上　田　文　雄

同訴訟代理人弁護士　　木　下　尊　氏

同指定代理人　　○　○　○　○

同　　○　○　○　○

同　　○　○　○　○

同　　○　○　○　○

同　　○　○　○　○

同　　○　○　○　○

主　　　文

1　原告の請求を棄却する。

2　訴訟費用は原告の負担とする。

事実及び理由

第1　請求

被告は、原告に対し、248万4800円及びこれに対する平成23年4月4日から支払済みまで年5分の割合による金員を支払え。

第2　当事者の主張

1　請求原因

(1)　当事者等

ア　原告は、別紙物件目録記載1の建物（以下「本件建物1」という。）及び同記載2の建物（以下「本件建物2」といい、本件建物1と併せて「本件各建物」という。）を所有している者である。

イ　札幌市東消防署長（以下「本件処分庁」という。）は、消防法17条の4第1項の規定に基づき、防火対象物に消防用設備等が設置されていないときに、その防火対象物の関係者で権原を有する者に対し、それを設置すべきことを命ずる権限を有する者である。

ウ　被告は、本件処分庁の属する地方公共団体である。

(2)　消防用設備等設置命令等

ア　本件処分庁は、平成22年9月15日付けで、原告に対し、消防法17条1項及び同法施行令13条1項の規定に違反していることを理由として、本件各建物地下1階の駐車の用に供される部分に水噴霧消火設備等（水噴霧消火設備、泡消火設備、不活性ガス消火設備、ハロゲン化物消火設備又は粉末消火設備のいずれか）を同年12月20日までに設置するよう警告（以下「本件警告」という。）した。

イ　本件処分庁は、平成22年12月21日付けで、原告に対し、消防法17条の4第1項の規定に基づき、本件各建物地下1階の駐車の用に供される部分に水噴霧消火設備等を平成23年2月28日までに設置するよう命令（以下「本件処分」という。）した。

ウ　本件処分庁は、平成22年12月21日付けで、消防法17条の4第3項において準用する同法5条3項の規定に基づき、本件処分をした旨記載した標識を本件各建物1階に設置して、本件処分をした旨を公示（以下「本件公示」といい、本件警告及び本件処分と併せて「本件処分等」という。）した。

(3)　本件処分等の違法性

本件各建物地下１階の駐車の用に供される部分の床面積は、本件建物１については86.68㎡、本件建物２については90.8㎡であり、いずれも、消防法施行令13条１項の規定する駐車の用に供される部分の床面積が200㎡以上のものに当たらない。したがって、原告には本件各建物地下１階に水噴霧消火設備等を設置する義務がないにもかかわらず、本件処分庁は駐車の用に供される部分の床面積の計算を誤って本件処分等をしたものであるから、本件処分等は違法である。

(4)　損害

本件処分等により、原告には以下の損害が生じた。

ア　本件警告の確認のために要した費用

(ア)　郵便料金　4800円

(イ)　郵便物作成のための人件費、材料費及び調査費　30万円

イ　図面の製作に要した費用

(ア)　現場調査費　10万円

(イ)　図面製作費　15万円

ウ　札幌東消防署との打合せに要した交通費　33万円

エ　訴状作成費　10万円

オ　本件公示により入居者が減少したことによる損害　150万円

カ　合計　248万4800円

(5)　よって、原告は、被告に対し、国家賠償法１条１項の規定に基づく損害賠償請求として248万4800円及びこれに対する不法行為日の後の日である平成23年４月４日から支払済みまで民法所定の年５分の割合による遅延損害金の支払を求める。

2　請求原因に対する認否等

(1)　請求原因(1)は認める。

(2)　請求原因(2)は認める。

(3)　請求原因(3)は否認する。

消防法施行令13条1項にいう床面積は建築基準法施行令2条1項3号にいう床面積（建築物の各階又はその一部で壁その他の区画の中心線で囲まれた部分の水平投影面積。この算定方法を、以下「壁心」という。）と同義であるから、駐車の用に供される部分の床面積は、同号にいう床面積から物理的に車両が進入できない措置を講じている部分の面積を控除して算定される。また、不動産登記法令にいう床面積も基本的に同号にいう床面積と同義である。

本件建物1地下1階の不動産登記上の床面積は349.97㎡であり、ここからエレベーター施設、物置、柱及び天井のない部分の面積を控除すると325.342㎡である。また、本件建物2地下1階の不動産登記上の床面積は252.00㎡であり、ここからエレベーター施設、物置及び柱の面積を控除すると、233.279㎡である。したがって、本件各建物地下1階の駐車の用に供される部分の床面積は、いずれも200㎡以上である。

なお、本件処分等を行うに当たっては、実況見分による実測値（対面する壁の内側から内側までの寸法。以下「内法」という。）を用いて駐車の用に供される部分の床面積を算定したが（本件建物1地下1階は300.781㎡、本件建物2地下1階は213.223㎡）、それは、同床面積が確実に200㎡以上であることを確認するために用いた数値である。

(4)　請求原因(4)は否認する。

第3　当裁判所の判断

1　関係法令等（本項における条、項、号、別表及び略語等は、いずれも当該関係法令等で使用されているものである。略語については、本項以外においても使用する場合がある。条文見出しのうち、() のものは法令自体に付されたものであり、〔〕は本項において付したものである。)

⑴　消防法

8条〔防火管理者〕

1項　学校、病院、工場、事業場、興行場、百貨店、複合用途防火対象物(防火対象物で政令で定める二以上の用途に供されるものをいう。以下同じ。)その他多数の者が出入し、勤務し、又は居住する防火対象物で政令で定めるものの管理について権原を有する者は、政令で定める資格を有する者のうちから防火管理者を定め、当該防火対象物について消防計画の作成、当該消防計画に基づく消火、通報及び避難の訓練の実施、消防の用に供する設備、消防用水又は消火活動上必要な施設の点検及び整備、火気の使用又は取扱いに関する監督、避難又は防火上必要な構造及び設備の維持管理並びに収容人員の管理その他防火管理上必要な業務を行なわせなければならない。

17条〔消防用設備等の設置、維持〕

1項　学校、病院、工場、事業場、興行場、百貨店、旅館、飲食店、地下街、複合用途防火対象物その他の防火対象物で政令で定めるものの関係者は、政令で定める消防の用に供する設備、消防用水及び消火活動上必要な施設(以下「消防用設備等」という。)について消火、避難その他の消防の活動のために必要とされる性能を有するように、政令で定める技術上の基準に従って、設置し、及び維持しなければならない。

17条の4〔基準違反の場合の必要な措置命令〕

1項　消防長又は消防署長は、17条1項の防火対象物における消防用設備等が設備等技術基準に従って設置され、又は維持されていないと認めるときは、当該防火対象物の関係者で権原を有するものに対し、当該設備等技術基準に従ってこれを設置すべきこと、又はその維持のため必要な措置をなすべきことを命ずることができる。

(2) 消防法施行令

1条の2（防火管理者を定めなければならない防火対象物等）

2項　法8条1項の政令で定める二以上の用途は、異なる二以上の用途のうちに別表第一(1)項から(15)項までに掲げる防火対象物の用途のいずれかに該当する用途が含まれている場合における当該二以上の用途とする。

この場合において、当該異なる二以上の用途のうちに、一の用途で、当該一の用途に供される防火対象物の部分がその管理についての権原、利用形態その他の状況により他の用途に供される防火対象物の部分の従属的な部分を構成すると認められるものがあるときは、当該一の用途は、当該他の用途に含まれるものとする。

6条（防火対象物の指定）

法17条1項の政令で定める防火対象物は、別表第一に掲げる防火対象物とする。

13条（水噴霧消火設備等を設置すべき防火対象物）

1項　次の表の上欄（注　本項では左欄）に掲げる防火対象物又はその部分には、水噴霧消火設備、泡消火設備、不活性ガス消火設備、ハロゲン化物消火設備又は粉末消火設備のうち、それぞれ当該下欄（注　本項では右欄）に掲げるもののいずれかを設置するものとする。

防火対象物又はその部分	消火設備
別表第一に掲げる防火対象物の駐車の用に供される部分で、次に掲げるもの	水噴霧消火設備、泡消火設備、不活性ガス消火設備、

一　当該部分の存する階（屋上部分を含み、駐車するすべての車両が同時に屋外に出ることができる構造の階を除く。）における当該部分の床面積が、地階にあっては200㎡以上のもの	ハロゲン化物消火設備又は粉末消火設備

別表第一

(3)	ロ　飲食店
(4)	百貨店、マーケットその他の物品販売業を営む店舗又は展示場
(5)	ロ　寄宿舎、下宿又は共同住宅
(15)	前各項に該当しない事業場
(16)	イ　複合用途防火対象物のうち、その一部が(1)項から(4)項まで、(5)項イ、(6)項又は(9)項イに掲げる防火対象物の用途に供されているもの

(3)　建築基準法施行令

２条（面積、高さ等の算定方法）

１項　次の各号に掲げる面積、高さ及び階数の算定方法は、それぞれ該当各号に定めるところによる。

３号　床面積　建築物の各階又はその一部で壁その他の区画の中心線で囲まれた部分の水平投影面積による。

(4)　不動産登記法

44条（建物の表示に関する登記の登記事項）

１項　建物の表示に関する登記の登記事項は、27条各号に掲げるもののほか、次のとおりとする。

３号　建物の種類、構造及び床面積

７号　建物又は附属建物が区分建物であるときは、当該建物又は附属建物が属する一棟の建物の構造及び床面積

２項　前項３号、５号及び７号の建物の種類、構造及び床面積に関し必要な事項は、法令省令で定める。

⑸　不動産登記規則

115条（建物の床面積）

建物の床面積は、各階ごとに壁その他の区画の中心線（区分建物にあっては、壁その他の区画の内側線）で囲まれた部分の水平投影面積により、平方メートルを単位として定め、1平方メートルの100分の1未満の端数は、切り捨てるものとする。

⑹　札幌市消防局における建築確認同意消防用設備等設置規制事務審査基準（乙13、15）

Ⅰ第6　建築物の床面積・階の取扱い

1　床面積の取扱い

消防用設備の設置に当たっての床面積の算定は、次により行うこと。

⑴　床面積の算定方法については、建築基準法施行令2条1項3号の規定により、建築物の各階、又はその一部で壁、扉、シャッター、手すり、柱等の区画の中心線で囲まれた部分の水平投影面積によって算定すること。

Ⅱ第6　水噴霧消火設備

2　水噴霧消火設備に係る用語の意義

⑾　駐車の用に供される部分

主として自動車を駐車する部分のほか、駐車場内の車路が含まれる。しかし、駐車場にいたる外部の誘導路（ランプ）は含まれない。

2　認定事実

争いのない事実に加え、附記した証拠及び弁論の全趣旨によると、以下の事実が認められる。

⑴　本件建物1について

ア　原告は、本件建物1の所有者であり、水噴霧消火設備等の設置につき権原を有する関係者（消防法２条４項、17条の４第１項）である。

イ　本件建物１は、鉄骨造地下１階付地上６階建であり、物品販売業を営む店舗、共同住宅及び美容室の用途に供されている複合用途防火対象物（消防法８条１項、同法施行令１条の２第２項）である（甲７、乙１の２、１の５）。

ウ　本件建物１地下１階には、共同住宅の入居者専用の駐車場として利用されている部分があるが、水噴霧消火設備等は設置されていない（乙１の５、１の７、３の２、４の２）。

エ　本件建物１地下１階における各所の寸法（東西方向を奥行き、南北方向を幅と表記する。）及びその数値から算定される面積（水平投影面積。小数点第４位以下切捨て。）は以下のとおりである（乙１の５）。

(ア)　全体（内法）

奥行き21.22m ×幅15.573m ＝330.459㎡

(イ)　エレベーター施設

奥行き3.348m ×幅2m ＝6.696㎡

(ウ)　北側の壁際に設置された物置（２個）

奥行き0.918m ×幅0.925m ＝0.849㎡

奥行き12.77m ×幅1.225m ＝15.643㎡

(エ)　鉄骨の柱（13本）

0.4m ×0.4m ×６本＝0.96㎡

0.2m ×0.4m ×５本＝0.4㎡

0.2m ×0.2m ×２本＝0.08㎡

(オ)屋外へ通じる開口部付近の天井のない部分

奥行き1.701m ×幅2.969m ＝5.05㎡

(2)　本件建物２について

ア　原告は、本件建物２の所有者であり、水噴霧消火設備等の設置につき権原を有する関係者である。

イ　本件建物２は、鉄骨造地下１階付地上５階建であり、飲食店及び共同住宅の用途に供されている複合用途防火対象物であったが、平成22年10月12日以降は、共同住宅の用途に供されている防火対象物である（消防法施行令１条の２第２項後段。甲８、乙６の２、６の６、８の４）。

ウ　本件建物２地下１階には、共同住宅の入居者専用の駐車場として利用されている部分があるが、水噴霧消火設備等は設置されていない（乙６の６、６の７、８の２、９の２）。

エ　本件建物２地下１階における各所の寸法（東西方向を奥行き、南北方向を幅と表記する。）及びその数値から算定される面積（水平投影面積。小数点第４位以下切捨て。）は以下のとおりである（乙６の６）。

(ア)　全体（内法）

奥行き18.11m ×幅11.993m ＝231.944㎡

(イ)　エレベーター施設

奥行き1.9m ×幅1.75m ＝3.325㎡

(ウ)　東側の壁際に設置された物置

奥行き1.23m ×幅11.993m ＝14.751㎡

(エ)　鉄骨の柱（10本）

0.4m ×0.4m ×１本＝0.16㎡

0.2m ×0.4m ×４本＝0.32㎡

0.2m ×0.2m ×３本＝0.12㎡

0.15m ×0.15m ×２本＝0.045㎡

３　請求原因(3)（本件処分等の違法性）について

(1)　駐車の用に供される部分の床面積の算定方法

消防法令には建物の床面積の算定方法に関する規定は置かれていないが、建築基準法施行令２条１項３号に床面積の算定方法が規定されており、消防法令上の床面積と建築基準法令上のそれとを別意に解する理由はないから、消防法令上の床面積も、同号の規定と同様に算定すべきものと解することができる。また、不動産登記規則115条も、区分建物を除き、床面積の算定方法について建築基準法施行令2条1項3号と同様に規定していることからすれば、区分建物以外の建物については、特段の事情のない限り、登記記録に記録された床面積をもって、建築基準法令上の床面積、すなわち消防法令上の床面積であると推認するのが相当である。

そして、消防法施行令13条1項において「駐車の用に供される部分」が水噴霧消火設備等を設置すべき対象として規定されているのは、その部分が、一般的火災の特性及び自動車の燃料タンクにあるガソリン等による油火災の特性を有しており、出火・延焼の危険性が高く、かつ、消火困難性を有するからである。このような出火・延焼の危険性及び消火困難性を有するのは、実際に駐車に使用されている部分に限られないのであるから、同項にいう「駐車の用に供される部分」とは、自動車を駐車し得る部分で、出火・延焼の危険性及び消火困難性の認められる部分をいうものと解するのが相当である。

以上によると、駐車の用に供される部分の床面積は、その部分の存する階の床面積（壁心による水平投影面積）から、「駐車の用に供される部分」に当たらない部分、すなわち、自動車を駐車し得ない部分並びに出火・延焼の危険性及び消火困難性の認められない部分の面積を控除して算定することになる。

⑵　本件建物1

ア　駐車の用に供される部分の床面積

(ア)　本件建物1地下1階の床面積

本件建物1地下1階の床面積は、登記申請書（乙24）及び登記事項全部証明書（甲７、乙１の２）には349.97㎡と記載されており、特段の事情のない限り、上記面積をもって消防法令上の床面積と推認できるところであるが、本件建物１の建築確認に対する消防署長の同意（建築基準法93条２項、消防法７条２項）に係る建築許可等同意書（乙１の６）には上記と異なる面積が記載されている上、本件建物１について完了検査（建築基準法７条１項）は行われていない（乙23の１、23の２）ことからすると、登記手続の際に本件建物１地下１階の正確な床面積が算定されていたかについては不明であるといわざるを得ない。したがって、登記記録に記録された上記面積をもって本件建物１地下１階の消防法令上の床面積と認定することは困難である。

もっとも、本件建物１地下１階については、内法による面積が実測されており、ここから自動車を駐車し得ない部分並びに出火・延焼の危険性及び消火困難性の認められない部分の面積を控除し、その余の面積が200㎡を超えるのであれば、消防法令上の床面積を確定する必要はないこととなるから、まず内法による実測面積を前提として検討する。

(イ)　控除部分

本件建物１地下１階のうち、エレベーター施設及び柱のある部分は構造上駐車し得ない部分であり、物置のある部分は駐車し得ないように区画されている部分ということができる。また、天井のない部分は、十分な開放性を有し、かつ、直ちに屋外に出ることができる部分であるから、出火・延焼の危険性及び消火困難性の認められない部分とみるのが相当である。

(ウ)　前記認定の本件建物１地下１階における各所の寸法によ

ると、同階の内法による水平投影面積は330.459㎡であり、これからエレベーター施設、物置、柱及び屋根のない部分の面積を控除すると、300.781㎡となる。したがって，本件建物1地下1階の駐車の用に供される部分の面積は200㎡以上である。

イ　原告の主張について

原告は、本件建物1地下1階の床面積から、作業場、車路、ボイラー等の面積を除外すると、駐車の用に供される部分の床面積は86.68㎡であると主張する（甲5、19のA、24、45参照）。

しかし、原告の主張する作業場については、本件処分等がされた当時、その部分が自動車を駐車し得ないように区画されていたことを認めるに足りる証拠はない。かえって、証拠（乙1の5）によると、原告の主張する作業場は存在しなかったことがうかがわれる。仮に、現時点においてそのような区画がされているとしても、それは、本件処分等の違法性に影響する事情ではない。

ボイラーについても、その存在を認めるに足りる証拠はない。

車路については、駐車に使用していない部分であっても、駐車し得る部分であり、出火・延焼の危険性及び消火困難性を有している部分であるから、駐車の用に供される部分に含まれるというべきである。また、原告は、消防法施行規則17条2項2号が、加圧送水装置の水量について、区画境界堤で区画された部分の面積にこれと接する車路の部分の面積（車両が駐車する場所が車路をはさんで両側にある場合は、当該車路の中央線までの面積とする。）を加えたものの面積のうち最大となるものに設けられたすべての噴霧ヘッドを同時に標準放射量で放射する場合の水量と規定していることを指摘し、駐車の用に供される部分の床面積には車路を含まないと主張するが、同号の存在は、駐車の用に供される部分の床面積に関する前記解釈を左右するものではない。

したがって、原告の主張は採用することができない。

(3) 本件建物2

ア 駐車の用に供される部分の床面積

本件建物2地下1階の床面積は、登記申請書（乙24）及び登記事項全部証明書（甲8、乙6の2）には252.00㎡と記載されているところであるが、本件建物2の建築確認に対する消防署長の同意に係る建築許可等同意書（乙6の3）には上記と異なる面積が記載されている上、本件建物2について完了検査は行われておらず（乙23の1、23の2）、登記記録に記録された上記面積によることは困難であるから、本件建物1地下1階の場合と同様に、まず内法による実測面積を前提として検討する。

前記認定の本件建物2地下1階における各所の寸法によると、同階の内法による水平投影面積は、231.944㎡であり、これから物置、エレベーター施設及び柱の占める部分の面積を控除すると、213.223㎡となる。したがって、本件建物2地下1階の駐車の用に供される部分の床面積は200㎡以上である。

イ 原告の主張について

原告は、本件建物2地下1階の床面積から、作業場、車路、ボイラー等の面積を除外すると、駐車の用に供される部分の面積は90.8㎡であると主張する（甲19のB、25、45参照）。

しかし、原告の主張する作業場については、本件処分等がされた当時、その部分が自動車を駐車し得ないように区画されていたことを認めるに足りる証拠はない。かえって、証拠（乙6

の6）によると、原告の主張する作業場は存在しなかったことがうかがわれる。

ボイラーについても、その存在を認めるに足りる証拠はない。

車路についての原告の主張が採用できないことは本件建物1について述べたところと同様である。

(4) なお、原告は、本件処分庁が長期にわたり本件各建物地下1階について水噴霧消火設備等の設置命令を発してこなかったのは、その設置義務がないと判断してきたためであると主張するが、本件処分庁が設置命令を発してこなかったことをもって、本件処分庁が、本件処分時において、本件各建物地下1階の駐車の用に供される部分の床面積が200㎡未満であり水噴霧消火設備等の設置義務のないものであったことを了承していたということはできないから、原告の上記主張は採用できない。

(5) 以上によると、本件各建物地下1階の駐車の用に供される部分の床面積はいずれも200㎡以上であるから、原告にはこれらの部分に水噴霧消火設備等を設置すべき義務があり、それを前提として行われた本件処分等が違法であると認めることはできない。

第4　結論

したがって、その余の点について判断するまでもなく、原告の請求は理由がないから棄却することとし、主文のとおり判決する。

札幌地方裁判所民事第2部

裁判長裁判官　本　間　健　裕

裁判官　大　嶺　　　崇

裁判官　大　塚　穂　波

（別紙）

物　件　目　録

1　所　　　在　札幌市東区○○○○○○○○

　家屋番号　○○○

　種　　　類　共同住宅

　構　　　造　鉄骨造陸屋根地下１階付６階建

2　所　　　在　札幌市東区○○○○○○○○

　家屋番号　○○○

　種　　　類　共同住宅

　構　　　造　鉄骨造陸屋根地下１階付５階建

コラム３　再燃火災と国家賠償請求訴訟

再燃火災とは、判例上、自然に消えた、あるいは消火活動により消えたはずの火災（一次火災）が再び燃え出す（二次火災）ことをいいます。再燃火災を巡るこれまでの国家賠償請求訴訟では、「失火ノ責任ニ関スル法律」(明治32年３月８日法律第40号、「失火責任法」といいます。）が適用されるか否かが最大の争点となっていました。失火責任法は、失火者の過失のみでは損害賠償責任は問えず、重大な過失がある場合のみ損害賠償を認める民法の特別法であり、失火責任法が再燃火災で適用されることにより、消防の責任が大幅に軽減されることになります。ちなみに、判例によれば、重過失とは、「通常要求される程度の注意すらしないでも、極めて容易に結果を予見できたにもかかわらず、これを漫然と見すごしたような場合を指すのであるから、結局ほとんど故意に等しいと評価されるべき、著しい注意欠如の状態」（最判昭和32年７月９日民集11巻７号1203頁）をいいます。また、刑法の重過失致死傷罪の判例としては、「無免許、酩酊運転をして人の雑踏する場所に自動車を乗り入れ、しかも前方注視を怠った場合には、重大な過失があるものというべきである」(最決昭和29年４月１日裁判集刑94巻49頁）との判示があります。

再燃火災について、最高裁は、共同住宅（木造２階建て）２階居室内でプロパンガスが漏洩し、石油ストーブの火に引火し、火災になった後、居住者及び隣人が消火器で消火し、出動した消防隊が火災原因の調査と残り火の点検をして引き揚げたものの、鎮火から約８時間40分後に一次火災で出火した２階居室押入れ付近から再び出火し（二次火災）、共同住宅が全焼した事案について、以下の判示のとおり失火責任法の適用を肯定しています（最判昭和53年7月17日民集32巻5号1000頁）。

「思うに、国又は公共団体の損害賠償の責任について、国家賠償法4条は、同法1条1項の規定が適用される場合においても、民法の規定が補充的に適用されることを明らかにしているところ、失火責任法は、失火者の責任条件について民法709条の特則を規定したものであるから、国家賠償法4条の『民法』に含まれると解するのが相当である。また、失火責任法の趣旨にかんがみても、公権力の行使にあたる公務員の失火による国又は公共団体の損害賠償責任についてのみ同法の適用を排除すべき合理的理由も存しない。したがつて、公権力の行使にあたる公務員の失火による国又は公共団体の損害賠償責任については、国家賠償法4条により失火責任法が適用され、当該公務員に重大な過失のあることを必要とするものといわなければならない。」

一方、学説上は適用肯定説と適用否定説、適用限定説（少なくとも消防職員の消火活動については失火責任法の適用を否定する）に分かれていますが（小幡純子「判比」行政判例百選Ⅱ（第7版）500頁）、適用否定説が有力とされています（芝池・行政救済法198頁）。また、最判平成元年3月28日（集民156号427頁、判時1311号66頁）も、前掲最判同様、失火責任法の適用を肯定していますが、以下のような伊藤正己裁判官の反対意見も付されており、裁判実務において将来的に判例変更の可能性があることに留意する必要があります[※14]。

※14 山形地判平成11年12月7日（判時1713号99頁）は、一部事務組合による消火ミスを原因とする爆発事故による近隣住民の家屋等の損害について、失火責任法の適用を否定した。なお、判時解説では、アルミニウム火災に注水が禁物であることは消防の基礎知識であり、重過失があったとする考え方もあり得たと思われるとのコメントを付している。

「私は、消防署職員であつてもその宿直の際に火を失し火災を発生させたような場合については失火責任法が適用されると考えるが、火災の消火活動に出動した消防署職員の消火活動が不十分なため残り火が再燃して火災が発生したような場合には、失火責任法にいう『失火』には当たらず、同法の適用はないと解するのが相当であり、右の判例は変更されるべきものと考える。失火責任法が失火者に重大な過失のある場合のほか民法709条の適用を排除した理由は、⑴失火者は自己の財産をも焼失してしまうのが普通であるから、各人がそれぞれ注意を怠らないことが通常であり、過失につき宥恕すべき場合が少なくないこと、⑵我が国の家屋はおおむね木造であるから、市街地などで火を失したときは類焼によつて莫大な損害を生じるので、すべての損害を失火者に負担させるのは余りにも酷であること、⑶失火者に対して民事責任を問わない法慣習があつたことなどである。いうまでもなく、消防署職員は消防の専門家で、既に出火があつた場合に、専門家としての知識、経験、技能等を駆使して消火活動に当たることを職務上要求されているものであるから、その消火活動が不十分なため残り火が再燃して火災が発生したような場合は、文理上『失火』という概念に当たるということに無理があるのみならず、失火責任法の立法趣旨として挙げられる前記のような点を考慮して、地方公共団体の損害賠償責任を軽減すべき実質的な理由もないからである。」

N
NW
NE
W
E
SW
SE
S

Ⅳ 刑事告発

「*Expect the unexpected*（想定外のことを想定せよ）」

Q24 査察において、刑事告発ではどのような点に留意すべきか？

A

刑事告発は、司法権の発動を求める端緒となることから、違反の重大性や火災危険の程度、従前の違反処理の経過、相手方の違反処理に向けた姿勢等諸般の事情を総合考慮しつつ、時宜に遅れることなく臨むべきである。

1 刑事告発の概要

(1) 刑事告発の意味

査察の最終ステージは、消防法違反を構成要件とする刑事罰の適用を求める（刑事）告発となる。若干古いデータではあるが、平成24年の検察統計によると、告発された2,983件に対して起訴された件数は878件となっていることから、告発の起訴率は29.4%となっている。

刑訴法第239条第1項は、「何人でも、犯罪があると思料するときは、告発をすることができる」と定めている。告発とは、告訴をなす権限のある者または犯人以外の第三者が捜査機関に対して、犯罪事実を申告して犯人の処罰を求める意思表示をいう。一方、告訴は、犯罪の被害者その他一定の者が、捜査機関に対して犯罪事実を申告して犯人の処罰を求める意思表示をいい、自首とは、犯人自身がその発覚前に自らの犯罪を捜査機関に申告することをいう。被害者からの告訴がなければ検察が起訴（公訴）できない親告罪については、告訴期間の制限があるが（刑訴法第235

条）、告発は、公訴時効（刑訴法第250条）[※1]が完成する以外には特に告発期間の制限はない。

なお、札幌市消防局予防部査察規制課の調査によれば、全国の消防機関における「重大な消防法令違反対象物に対する告発件数（調査基準日：平成29年３月～平成31年３月）」は、２年間で合計８件の告発があった。同じ期間の重大な消防法令違反対象物に対する命令件数が360件となっていたことから、違反処理において命令から告発に移行する割合は概ね２％程度といえる。

⑵ 告発の効果

告発を受理した司法警察員（公安委員会が指定する階級の警察官、通常は巡査部長以上）は、これに関する書類および証拠物を速やかに検察官に送付しなければならず（刑訴法第242条）、告発に係る事件については、「罪とならず」「嫌疑なし」「嫌疑不十分」と認める場合でも、検察官に送付しなければならない。

また、検察官は、捜査の結果公訴を提起したか、提起しなかったかの結論を告発人に通知する義務を負うほか（同法第260条）、公訴を提起しなかった場合に、告発人から不起訴理由告知の請求があるときは、その理由を告知しなければならないが（同法第261条）、その理由の内容は、「罪とならず」「嫌疑不十分」「起訴猶予」など不起訴の主文だけで足り、起訴猶予にした情状、あるいは、なぜ嫌疑不十分と判断したかの理由の説明に及ぶ必要はないとされている。この場合、告知の方法は口頭でもよいが、書面による場合は、不起訴処分理由告知書による。

なお、告発に係る事件については、いわゆる微罪処分（同法第246条但書）を行うことも許されない。微罪処分とは、事件を検察官に送致せずに警察限りで訓戒して終結することをいう。この

※１　刑訴法第250条第２項は、長期10年未満の懲役又は禁固に当たる罪については５年、長期５年未満の懲役若しくは禁固又は罰金に当たる罪については３年の公訴時効の期間を定めている。

微罪処分は、検事総長の示した基準に基づき、各地方検察庁の検事正が、管内の司法警察員に対して、刑訴法第193条第１項による一般的指示の形で指定されている。例えば、成人の刑事事件につき、犯罪事実が軽微で被害額僅少、犯情軽微な窃盗・詐欺・横領事件等で、刑罰を必要としないと明らかに認められるときは、犯罪事実の要旨等を検察官に報告すれば足りるとされている。

⑶　告発の手順・方法

告発は、書面又は口頭で検察官※2又は司法警察員に対して行う（刑訴法第241条第１項）。告発の提出先を司法警察員とするか、それとも検察官とするかについては、法律上決まりがあるわけではなく、告発する側の選択に任されている。たとえば、社会的影響の大きい贈収賄事件や商法の特別背任事件など、検察庁にも独力で捜査を実行する体制が備わっている事件や、警察官らの違法行為を問題にする事件等の中には、司法警察員ではなく、検察官宛にする方がより適切なものもある（検察官に対する告訴・告発は「直告」と呼ばれている。）。

犯罪が行われた場合、その具体的内容が、捜査機関に対する単なる犯罪事実の申告にとどまっていて、処罰を求める意思が表示されているといえない場合には、被害届や犯罪の通知等として取り扱われてしまい、いまだ告訴・告発があったとはいえない。また、告発状の提出は持参ではなく郵送によることも可能だが、ファクシミリや電子メールは控えるべきであろう。なお、口頭による告発の場合には、検察官又は司法警察員は調書を作成しなければならない（同条第２項）。また、通常、捜査機関は、告発をしようとする者に対して、その受理前に内容について事前の相談を受けるが、その相談を通じて不十分な部分をチェックし、収集

※２　検察官は、検察権を行使する権限をもつ官庁であり、その種類は、検事総長、次長検事、検事長、検事、副検事に分かれている（検察庁法第３条）。

すべき証拠の示唆を受けることが、その後の立件に向けて有用となる。

(4) 告発義務

刑訴法第239条第2項は、「官吏又は公吏は、その職務を行うことにより犯罪があると思料するときは、告発をしなければならない」と定めている。この制度趣旨としては、刑事司法の適正な運用を図るために、各種行政機関に対して刑事司法の運営について協力義務を課するとともに、併せて告発に義務付けられた行政運営を行うことにより、その機能がより効果的に発揮されることを期待する点にあるとされている。これを、いわゆる訓示規定とする学説や下級審裁判例もあるが、通説はこれを義務規定※3と解し、その違反は地方公務員法第29条第1項第2号の懲戒事由に当たるとしつつ、告発の実行について当該公務員の職権による裁量を許すものと解釈されている。告発にあたっては、当該違反の重大性や火災危険の程度、従前の違反処理の経過、相手方の違反処理に向けた姿勢等諸般の事情を総合考慮しつつ、時宜に遅れることなく臨むべきである。

※３　ある法令の規定が公の機関に対し義務を課している場合に、これらの機関がその規定に違反しても、行為の効力には別段の影響がないときに、その規定をさす法律学上の観念（藤木英雄他編「法律学小辞典（増補版）有斐閣」）。

Q25 消防法上の両罰規定の「行為者」と措置命令の名宛人は、どのような関係にあるのか？

A

命令の名宛人として記載されている法人の代表者と両罰規定の行為者である法人の代表者とは法的には別概念であり、消防法上の両罰規定によって処罰されるのは、命令違反罪（故意犯）の違反行為をした法人の代表者等の行為者である。

2 両罰規定

(1) 両罰規定の法意

両罰規定とは、一般に、法人に所属する役員や従業員らが、法人の業務に関連して違法な行為をした場合、個人だけでなく、法人も併せて罰せられる規定をいう。金融商品取引法の有価証券報告書の虚偽記載では、法定刑が「10年以下の懲役もしくは１千万円以下の罰金またはその両方を科す」と規定されており、法人は７億円以下の罰金としているが、過去の虚偽記載事件では大企業に対して両罰規定が適用されたほか、品質検査データの改ざん事件では、鉄鋼大手企業が不正競争防止法や独占禁止法などの両罰規定に基づき起訴された。

一方、消防法第45条は、両罰規定を以下のとおり定めている。

「法人の代表者又は法人若しくはその代理人、使用人その他の従業者が、その法人又は人の業務に関し、次の各号に掲げる規定の違反行為をしたときは、行為者を罰するほか、その法人に対して当該各号に定める罰金刑を、その人に対して各本条の罰金刑を科する。

一　第39条の２の２第１項、……１億円以下の罰金刑

二　第41条第１項第３号又は第５号　3000万円以下の罰金刑

三　第39条の２第１項若しくは第２項、……」

判例は、この両罰規定について、事業主の従業者の選任・監督その他違反防止につき必要な注意を尽くさなかった過失の存在を推定し、その注意が尽くされたことの証明がない限り、事業主も刑責を免れえないとするものとしている（最判昭和32年11月27日刑集11巻12号3113頁）。このように、従業者が行った行為に関して、その事業主が処罰される根拠について、事業主の責任は行為者が負うべき損害賠責任を事業主が代わって責任を負う（代位責任）のではなく、事業主自身の過失責任であるとし、事業主の処罰は事業主自身の犯罪（※監督不行届）に対して行われるものである、とするのが有力な学説及び判例である（消防基本法制研究会・逐条消防法1000頁）。

(2)　両罰規定の「行為者」と命令の名宛人の関係

前述のとおり、両罰規定の法意が、事業主自身の過失責任にあることからすれば、消防法上の命令違反罪（故意犯）の対象となるのは、法人の代表者等の行為者であり、法人自体が直接行為責任を問われているのではない。一方、前述（Q 19）のとおり、法人所有の防火対象物の消防法違反については、法人の代表者ではなく法人自体が命令の名宛人になると考えられるから（行手法第13条第１項第１号ハ参照）、「命令の名宛人」として記載されている法人の代表者と「両罰規定の行為者」である法人の代表者とは、法的には別概念として捉えるべきであり、両罰規定の適用により必ず法人の代表者が処罰されるものではない。

(3) 両罰規定における「事業に関し」及び「従業者」の解釈

近代消防2019年12月号に、両罰規定に関する以下のような論攷が掲載されていた。

《**Q 571**》自動火災報知設備の設置命令の名宛人となる防火対象物の所有者が重度の認知症（成年後見人の選任はない。）を患っており、実質的には当該所有者の子供（成人）が防火対象物の管理を行っている場合、仮に当該命令の不履行に対して、当該命令の名宛人ではなく、実質的に管理行為を行っている子供（成人）を告発することはできるのでしょうか。《宮城県Ｓ消防署　Ｈ・Ｋさん》

[違反処理研究会]

消防法第45条の規定は、「人の代理人、使用者その他の従業者」を行為者としています。この中で、「その他の従業者」には、雇用関係になく単に人の業務の補助をしている者も含まれますので、認知症の所有者が所有する防火対象物の管理行為を行っている子供は、事実上防火対象物の占有を補助する者として、両罰規定の「行為者を罰するほか」という規定によって、消防法所定の各本条の規定で処罰されることになります。

上記の事案を検討するにあたっては、まず、両罰規定における「業務に関し」の解釈が問題となるが、この点について、消防基本法制研究会・逐条消防法は、「法人又は人の主たる業務であることを要せず、附随的業務であってもよい。また、法人の場合、それが定款に定められた目的の範囲内の行為であることを要しない（最判昭和25年10月６日刑集４巻10号1936頁）。ただ、業務であるためには、行為者が主観的に事業主の事業を遂行するために行為をなし、その結果が事業主に及ぶものであることを必要とするとされている」（同1001頁～）と解説している。そして、上記の事案では、認知症の所有者と子供との間には委任等の契約関係は認められないものの、事務管理（民法第697条）※4としてその効果が所有者である父親にも及ぶと解する余地はある。

なお、この「業務に関し」との関係では、両罰規定の直接行為者の違反行為の対象を「業務又は財産に関し」と規定する旧所得税法第244条（現所得税法第243条）の適用に関する判例がある。ある主婦が、実父から相続した土地を夫に依頼して売却した後、夫が事情を知らない税理士に委託して譲渡収入の一部を除外して虚偽の確定申告を作成・提出させ、所得税の一部を免れた事案について、最高裁（最小決平成９年10月７日刑集51巻９号716頁）は、その被告人となった主婦について、夫が旧所得税法第244条第１項にいう「代理人」に当たり、被告人は、事業主でなくとも、代理人である夫の選任、監督等において違反行為を防止するために必要な注意義務を尽くさなかったこと過失がないことの証明がなされない限り、刑責を負うと判示し※5た。

次に、「従業者」の解釈が問題となるが、この点について、消防基本法制研究会・逐条消防法は、「事業の経営という集団的生活において、直接又は間接に事業主の統制監督を受けてその事業に従事する者をいう」（1001頁）と解説しており、他の法令に関する判例を複数引用しながら、事業主と従業者との間に指揮監督関係が成立していることを要件としている。この点は、民法第715条の使用者責任における使用関係における「被用者」とほぼ同義と考えられるところ、この「被用者」については、必ずしも雇用関係などの契約関係が存在していることは必要なく、実質的にみて使用者が被用者を指揮監督する関係があるという事実が存在すればよいとされている（藤村・使用者責任22頁）。また、家族構成員

※４　法律上の義務がないのに他人のためにその事務を処理すること。民法では、事務管理が成立する場合には、本人と管理者との間に委任類似の債権関係が生ずるものとしている。

※５　この判例の評価については、伊東研祐著「両罰規定解釈論と法人刑事責任論の近時の展開に関する批判的一考察⑴」（慶応法学№２（2005.3）３頁参照。

の間でも使用関係の有無が問題となる場合があるが、裁判例の傾向としては、加害行為が家業主の営む家業に関わりがあった場合には、一般的に広く使用関係を認めている傾向がある（父親が経営する洋服仕立・販売業を手伝う長男が、父親の命令で車両を運転中に人身事故を発生させた場合に、被害者が父親に対して使用者責任として損害賠償請求をした事例として、熊本地判昭和43年１月19日交通民集１巻１号16頁）。

上記の事案では、父親が所有する防火対象物の管理業務は、父親の家業と認められる余地はあるものの、父親が認知症を発症する以前から子供が防火対象物の管理を手伝っていた等の事情があればともかく、重度の認知症の父親が子供に対して指揮命令を及ぼしている事実は特に認められないことから、要件充足性の見地からは、子供を「従業者」と捉えて「行為者を罰するほか」を理由に告発することは法的に困難ではないかと考える。

(4)　なお、上記の事案では問題とされていないが、消防機関が、建物所有者の父親を告発することの可否（当否）については、重度の認知症に罹患している父親が心神喪失（精神の障害によって事物の理非善悪を弁識する能力またはその弁識にしたがって行動する能力がない状態）であれば、刑法においてはこれを罰しないことになり（刑法第39条第１項）、告発をしても検察官が不起訴処分とする可能性が高いと考えられる。但し、この点については、消防機関が心神喪失の判断することは極めて困難であることから、事前に捜査機関に相談するなどして告発の可否を決定すべきである。

Q26 消防機関が設置した措置命令の標識が剥がされたり、損壊された場合、その行為者にはどのような犯罪が成立するのか？

A

消防職員の目の前で、ある者がその標識を剥がしたり、持ち去った場合には、公用文書等毀棄罪が成立することになるが、消防職員が防火対象物から立ち去った後は、その標識はもはや「公務所の用に供する文書」には該当しないと解されることから、その標識を損壊した者には刑法第261条の器物損壊罪が成立すると考えられる。

3 措置命令の標識（公示）の毀棄

(1) 刑法第258条（公用文書等毀棄罪）は、「公務所の用に供する文書又は電磁的記録を毀棄した者は、3月以上7年以下の懲役に処する。」と定めている。毀棄の罪は、本来、財産罪であるが、公用文書毀棄罪は、むしろ公務の遂行を侵害する性質をもつものと解すべきであるから、毀棄の罪から区別して認識すべきであり、改正刑法草案はこの点に着眼して公用文書の損壊罪を公務妨害の罪のなかに配置している（大谷實著「刑法講義各論〔第三版〕」成文堂・320頁）。

本罪の客体は、条文上は「公務所の用に供する文書または電磁的記録」であるが、「公務所の用に供する文書」とは、その作成者が公務員であるか否か、作成の目的が公務所のためであるか否かなどにかかわりなく、現に公務所において使用され、また使用の目的をもって保管されている文書と解されている（最判昭和38年

12月24日刑集17巻12号2485頁)。この点、公文書偽造罪(刑法第155条)におけるいわゆる「公文書」とは概念が異なることに留意する必要がある。また、「文書」としてある程度永続するように物体上に思想、意思又は観念を表示したものであることが必要となるが、必ずしも長期間の存続を要するものではなく、記載内容の伝達に必要にして十分な期間にわたり文字又は符号が物体上に固定され読解できれば足りる(前田雅英代表編集「条解刑法第3版」弘文堂827頁)。

一方、「毀棄」とは、文書の効用を害する一切の行為をいい、破り捨てることのほか、隠匿して一時の使用を不可能にする無形的毀棄も含まれる(大判昭和9年12月22日刑集13巻1789頁)。また、犯人に後日返還の意思があったかどうかにかかわらない(最決昭和44年5月1日刑集23巻6号907頁)。

⑵ 設問にある消防機関が設置した標識が剥がされた場合には、当該標識が「公務所の用に供する」といえるか(公務所供用性)が問題となる。広辞苑(第五版)によれば、「供用」とは、「使用に供すること。使えるようにすること。」と定義されている。また、刑法は、「公務所」の定義を「官公庁その他の公務員が職務を行う所をいう」(第7条第2項)と条文で規定しているが、これは、建物等の物理的な場所を意味するのではなく、制度としての官公庁その他の組織体をいうと解されており(西田典之他編「注釈刑法第1巻」有斐閣53頁、前掲条解刑法17頁等)、判例(大判大正3年11月10日刑録20輯2079頁)は、「公務員の職務を行う所は、法令に基づいて設けられたか否かを問わず、公務所である」としている。

以上の法解釈を前提とすれば、通常、消防職員が勤務している建物としての消防庁舎(消防署・出張所)はもちろん、消火活動現場や救急活動現場のみならず、消防職員が立入検査等で防火対象物に赴いた場合には、当該防火対象物は、組織体の構成員たる「公務員が職務を行う所（公務所）」に含まれると広く解することができる。そして、当該防火対象物において消防法違反が判明し、措置命令に伴う標識を当該防火対象物に設置した場合には、その標識は、「公務所において現に使用している」文書になるといえることから、消防職員の目の前で、ある者が、その標識を剥がしたり、持ち去った場合には、公用文書等毀棄罪が成立することになると考えられる（消防基本法制研究会・逐条消防法69頁）。

(3)　一方、消防職員が防火対象物から立ち去った後、ある者が、その標識を剥がしたり、持ち去った場合には、公用文書等毀棄罪が成立するだろうか。

この点、防火対象物に設置された標識は、当該防火対象物で使用されるものであって、公務所で使用される文書とは言えず、これを公務員が標識たる文書を保管しているとも言えないとの理由で、標識は公用文書に該当せず、その標識を剥がす行為は公用文書毀棄罪が成立しない（軽犯罪法第1条第33号の「みだりに他人の標示物を取り除」いたものにあたる。）との見解がある。

また、刑法第96条の封印等破棄罪は、公務員が施した封印若しくは差押えの表示を損壊し、又はその他の方法によりその封印若しくは差押えの表示に係る命令若しくは処分を無効にした者は、３年以下の懲役若しくは250万円以下の罰金に処し、又はこれを併科すると規定しているが、この差押えには、民事執行法による差押え、仮差押え、執行官保管の仮処分等が含まれる。仮に、こうした差押えの表示が「公務所の用に供する文書」に該当するとすれば、これらを損壊した者は、公用文書等毀棄罪により処罰されるべきところ、この罪とは別に刑法が封印等破棄罪を規定している趣旨に照らせば、差押えの表示は、公用文書等毀棄罪の「公務所の用に供する文書」に該当しないと解するのが自然な解釈である。

よって、消防職員が防火対象物から立ち去った後は、措置命令を表示した標識はもはや「公務所の用に供する文書」には該当しないと解されることから、当該標識を損壊した者には、刑法第261条の器物損壊罪が成立すると考えられる。

コラム4　傷病者の不搬送（搬送拒否）について

消防職員からの法律相談として、救急現場における不搬送や搬送拒否に関する質問が寄せられることがあります。消防法上、搬送義務のある傷病者とは、「医療機関その他の場所へ緊急に搬送する必要があるもの」（消防法第２条第９項）、あるいは、「生命に危険を及ぼし、若しくは著しく悪化するおそれがあると認められる症状を示す疾病による傷病者」（消防法施行令第42条）と定義されています。これらの定義に従えば、法的には、緊急性があれば搬送義務があり、緊急性がなければ搬送義務はないことになりますが、救急現場で緊急性があるかないかを判断することは実際には困難を伴うことから、救急現場ではオーバートリアージの原則が広く採用されています。また、傷病者が搬送を拒否した場合については、国の通達である救急業務実施基準第17条は、「隊員は、救急業務の実施に際し、傷病者又はその関係者が搬送を拒んだ場合は、これを搬送しないものとする。」と規定しています。救急業務実施基準は法律ではないことから、裁判所や国民を直接拘束するものではありませんが、後出の佐賀救急不搬送事件の判決では、傷病者の請求を棄却した理由の一つとして傷病者の搬送拒否を挙げており、傷病者の搬送拒否があった場合には、違法性阻却事由となり、救急隊の搬送義務は消滅すると解されています。

一方、傷病者に判断能力がない場合には、外見上搬送を拒否する言動があっても、その拒否は傷病者の意思に基づくものとはいえず、法的に「搬送を拒んだ」ということはできないので、搬送義務は消滅しません。この場合の判断能力とは、傷病者が自己の置かれた状況を認識し、搬送を拒否した結果を自ら予測して判断し、その判断を救急隊員に伝えるのに十分な知的能力（精神的能力）（丸山富夫著「救急現場活動における法的判断」近代消防社・53頁）とされています。

上記の考え方を検討する材料として、救急隊の不搬送が争点となった３つの代表的な裁判例を紹介しておきます。

⑴　札幌市救急不搬送事件（札幌地判昭和54年６月22日）

昭和50年12月17日午後11時20分ころ、札幌市内に居住するＸからの救急要請により出動した救急隊長Ｂが急病人Ａ（Ｘの長男、当時６歳）の容態を観察したところ、熱、呼吸、脈拍、顔色等に特に異状を感じなかった。そこで、Ｂは、Ｘらに「今日何か変わったことがなかったか」と尋ねたところ、「怪獣映画を見に行った」と答えたことから、Ａは、怪獣映画を見て興奮したことが原因でひきつけを起こしたものと考え、そのようなことには、すぐ部屋を暗くして窓をあけて部屋の風通しをよくしてやるとよくなるなどと説明した。このＢの説明により、Ｘらは大事に至る心配はないものと考えたため、Ｂに対してあえてＡの搬送を求めない態度を示したところ、Ｂも搬送の必要がないものと判断していたこともあって、事務処理上Ｘが搬送を拒否したものと取り扱い、引き揚げたところが、翌18日午前３時25分ごろ、Ｘから再度の救急要請があり、出動してみると、家族全員が石炭ストーブの不完全燃焼により一酸化中毒にかかっていたため、救急病院に搬送したが、子供のＡはすでに死亡していた。このため、Ｘらは、第１回目の救急要請の際にＡを救急病院に搬送しなかったことがＡを死亡させた原因として、札幌市を訴えた。

【判旨】

・救急隊にはその救急業務の性質上、傷病の程度が軽易で診療の必要がないことが明らかに認められるなど特段の事情がない限り、傷病者を救急病院等へ搬送すべき職務上の義務がある。この義務に違背して傷病者を搬送しなかったならば、傷病者の身体、生命に重大な結果をもたらすおそれがあることを当然に認識すべきであるのに、搬送しなかった場合には、その不搬送につき救急隊に過失が認められる。

・損害額の算定につき、Xにはストーブの不完全燃焼を発生させた原因や隊長の助言に従って窓をあけるなどの措置をとらなかったことをいわゆる「被害者側の過失」として斟酌し、札幌市において賠償すべき額をXらに生じた損害の25パーセントとした。

(2) 佐賀救急不搬送事件（佐賀地判平成18年9月8日判時1960号104頁）

原告は、平成14年2月16日午後11時過ぎころ、飲酒後、佐賀市内路上において、タクシーからの下車時に転倒し、右後頭部を路面で打った。これを目撃した通行人が消防署に電話で、原告の意識がない旨を119番通報した。その後、3名の救急隊員が救急車で出動し、原告を一旦救急車内に収容したものの、原告はその後意識を回復し、「救急車を降りる」とか「病院に行かない」などと搬送を拒否し、その後、迎えに来た原告の家族が原告を自宅に連れ帰った。その翌日、原告は自宅において右急性硬膜外血腫等を発症して左上下肢の機能の全廃の後遺障害が残存した。原告は、搬送義務違反を理由に、国賠法第１条第１項に基づく損害賠償を求めて提訴した。

【判旨】

・救急業務は、その性質上、傷病者等の求めに応じて行う公的なサービス、給付行政的な活動であって、その趣旨は専らサービスを希望する者の満足を得ることにあり、傷病者本人を含む国民の権利義務を制約するものではないから、正常な判断能力を有する傷病者の意思に反してこれを行うことは許されず、したがってこのような場合には被告救急業務を実施する義務を免れることは明らかというべきである。

・救急隊員の説得にもかかわらず、原告本人が一貫して搬送を拒否していることは明らかであり、原告の家族も最終的には、自動車で原告を迎えに来て自宅へ連れ帰っているのであるから、結論的に搬送を拒否しているものと認められる。

・前記の救急業務の法的性質からして、原告に当時、病院搬送の緊急性が認められたなどの特段の事情が認められない限り、救急隊員には、家族にあえて原告の病院への搬送を説得するまでの義務はない。

(3) 奈良救急不搬送事件（奈良地判平成21年４月27日判時2050号127頁）

原告は、平成18年11月15日午前２時10分ころ、奈良県A警察署の敷地内にいるところを警察署長に発見された。同署警察官Bは、午前２時57分、救急通報を行い、午前３時01分、救急隊員がA警察署に到着した。B警察官は、C病院に電話をかけたが、受け入れを断られ、救急隊員にその旨を告げ、原告の両親が原告を自宅に連れ帰ることなり、救急隊員の求めに応じて不搬送承諾書に署名し、車で原告を自宅に連れ帰り就寝させた。ところが、午前10時14分、両親は原告の異変に気が付いて救急通報をし、原告は病院に救急搬送されたが、頭部外傷、脳挫傷、急性硬膜下血腫により、遷延性意識障害があると診断され、植物状態となった。そこで、原告らは、搬送義務違反を理由として、国償法第１条第１項に基づき損害賠償訴訟を提起した。

【判旨】

・救急業務の内容、性質に鑑みれば、消防法上の救急業務を実施する地方公共団体が、救急業務を実施すべき事由、すなわち一定の傷病者について緊急に搬送する必要性があることなどについてこれを認知し、かつ、当該救急業務が実施することができる場合には、行政上の責務としてその実施義務を負うのみならず、当該傷病者との関係においてもこれを実施すべき義務を負うべきであるし、上記の必要性の判断に当たっても、事柄の性質上慎重な判断が求められるものというべきである。

・原告は左目の周りに打撲を受け、左前額から頬にかけての位置に痛みを訴える何らかの理由があり、それが骨折等の外傷である可能性があったものである。これらによれば、原告が罹患している疾患の内容を具体的に特定できないとしても、意識障害・嘔吐を伴う何らかの重症疾患を負っている疑いがあったのだから、原告を医療機関等へ緊急に搬送する必要があった。

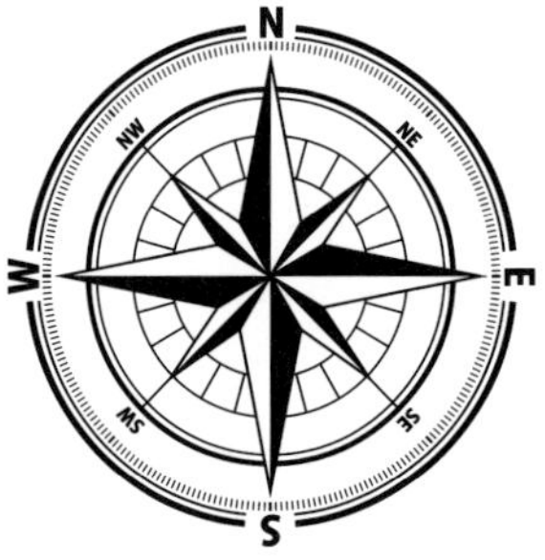

Ⅴ　行政訴訟

「私たちが直面する重大な問題は、その問題が生み
出されたときと同じ水準の思考によっては解決できない」

（アインシュタイン）

Q27 消防機関による違法な措置命令によって、名宛人の名誉、信用等の侵害が生じた場合には、消防機関はどのような訴訟を提起されるのか？

A

行政処分の違法とは、行政処分がその根拠法の定める要件を具備していないことであり、現在の裁判実務では、違法な行政処分によって名宛人の事実上の名誉や信用、評判等の無形の利益を侵害された場合は、取消訴訟ではなく損害賠償で解決を図るべきとの見解が一般的である。

1 取消訴訟と国家賠償訴訟の関係

(1) 最高裁判所が公表している司法統計によれば、第一審行政訴訟事件・地方裁判所新受件数の推移は以下のとおりであるが、行政訴訟事件は約30年の間に5倍近くの新受件数の伸びを示している（括弧内は当該年度の民事通常事件の件数）。

平成元年度	833	(110,970)
平成10年度	1,318	(152,678)
平成20年度	2,170	(199,522)
平成30年度	4,065	(138,443)

一方で、行政訴訟における原告の勝訴率は低い傾向にあり、一般的には5～10％前後といわれている（平成30年度第一審通常訴訟既済事件では、総判決数57,376件のうち対席事件の認容判決数は25,457であり、原告の勝訴率は44.3％となっている）。

(2) 行政処分の違法とは、行政処分がその根拠法の定める要件を具備していないことをいう。そして、現在の裁判実務では、違法な行政処分によって名宛人の事実上の名誉や信用、評判等の無形の利益を侵害された場合は取消訴訟ではなく損害賠償で解決を図るべきとの見解が一般的である。この点、最高裁も、自動車運転免許の効力停止処分後、無違反・無処分で１年を経過した者が、当該処分の取消しを求めた事案（最判昭和55年11月25日判タ431号51頁）や、市立中学校の教諭が同一市内の他の中学校教諭に補する旨の転任処分を受けたため上記処分の取消しを求めた事案（最判昭和61年10月23日判タ627号94頁）において、処分の事実上の効果として生じる名誉、信用等の侵害に対する救済は国家賠償訴訟に求められるべきであると判示している。

⑶　前述した履行期限が付された措置命令の効力（Q 17）は、裁判実務上は措置命令を対象にした取消訴訟において特に問題となる。仮に、「履行期限」の経過により措置命令の効力が消滅する（前述した消滅説）とすれば、履行期限が経過した後、名宛人が当該命令の取消を求めて裁判所に取消訴訟を提起した場合、裁判所は、上記判例法理に従って、原則として訴えの利益なしとして原告の訴えを却下することになるが、「営業停止処分や業務停止処分等のように、行政処分が一定の期間内に限り、国民の権利利益を制約するものである場合、すなわち、処分に期限が付されている場合には、期限到来後においても、処分がされたことを理由として不利益を受けるおそれがあるのでなければ（行訴法９条かっこ書）、その取消しを求める訴えの利益は消滅する」（司法研修所・実務的研究120頁）との指摘がある。

⑷　この点、ある消防職員が、物件の除去命令の一部取消し等を求める訴訟の判決を取り上げて「消防法第５条の３の規定に基づいて放置物件の除去命令を出しても、その後短期間のうちに履行期限が経過して既に判決の時点ではこの命令の効力は失われていた

のではないか」と質問したのに対し、石田良文氏は、「当該除去命令に伴って公示がなされたことで、業務上の信用を毀損され、依頼者との信頼関係が著しく毀損されたとして損害賠償請求も併せて提起されていますから、裁判所としては、名宛人の名誉、信用、といった無形の利益が『回復すべき法律上の利益』(行訴法第9条第1項かっこ書・著者注)に当たると認めた上で、物件除去命令の一部取消しという結論に至ったのではないかと推測されます。だとすれば、除去命令に伴う公示を取り外すことで『法律上の利益』が回復されることになり、公示を取り外すことが履行期限経過後の命令の取消しを求める訴えの利益ということになりそうです。」(前掲「考えながら学ぶ違反処理法学」㉟120～121頁)と述べている。しかしながら、著者が被告(行政庁)の訴訟代理人となった履行期限経過後の消防法第17条の4第1項の措置命令の取消訴訟(札幌地判平成24年2月10日公刊物未掲載)では、原告である当該措置命令の名宛人が損害賠償請求訴訟を別訴で提起していたものの(上記取消訴訟とは併合審理されなかった。)、取消訴訟が係属した第一審裁判所は、原告の訴えの利益や回復すべき法律上の利益の存否を判断することなく、当該措置命令は適法であり、原告の主張には理由がないとして請求棄却の判決を下した。

また、本来、原告が処分の根拠法規によってその利益を保護されている者の範囲に含まれるかどうかは、原告が立証責任を負うことになり、その点が不明であれば、原告の適格は否定されざるを得ず、このことは狭義の訴えの利益についても同様とされているが(司法研修所・実証的研究173頁)、上記取消訴訟では原告がこの点を全く主張・立証してはいなかった。

仮に、消滅説を前提とすれば、措置命令の名宛人から履行期限経過後の措置命令の取消訴訟とともに損害賠償請求訴訟(国家賠償請求訴訟）が提起された場合には、被告（行政庁）としては、まずは入口論（訴訟要件）として、①最高裁の上記判断（事実上の名誉や信用、評判等の無形の利益は取消訴訟ではなく損害賠償で解決を図るべき）をふまえて、取消訴訟については原告に訴えの利益がないとの主張に加えて、②履行期限が経過したことにより措置命令は効力が消滅しているので、原告には訴えの利益がない、との２つの主張をすべきことになろう。今後、履行期限経過後の命令を対象とした取消訴訟における被告の上記主張に対して裁判所がどのような判断を示すのか検証していく必要がある。

Q28 取消訴訟において消防機関の措置命令が違法であることを理由に取り消された場合、当該命令によって損害を受けた者が提訴した国家賠償請求訴訟において消防機関は当該命令の違法性を争うことができるのか？

A

違反処理における措置命令が消防法令の要件を充たしておらず取消訴訟において違法と判断されても、国家賠償請求訴訟ではいわゆる職務行為基準説が適用されることから、消防機関が国賠法の違法性を争うことができる。

2 取消訴訟の違法性と国家賠償請求訴訟の違法性の異同

(1) 消防機関による措置命令が、消防法が定める要件に反しており違法であるとして取消訴訟において取り消された場合、その後、当該命令によって損害を受けた名宛人が消防機関に対して国家賠償法に基づく損害賠償請求訴訟を提起する場面が考えられるが、この場合、取消訴訟にいう違法性と国家賠償法にいう違法性が同一であるという見解（違法性一元説）とこれらの同一性を否定する見解（違法性相対説）がある。

(2) この点に関して、最判平成５年３月11日（民集47巻４号2863頁・奈良民商事件）は、「税務署長のする所得税の更正につき、税務署長が所得金額を過大に認定していたとしても、そのことから直ちに国家賠償法１条１項にいう違法があったとの評価を受けるものではなく、税務署長が資料を収集し、これに基づき課税要件事実を認定、判断する上において、職務上尽くすべき注意義務を尽くすことなく漫然と更正をしたと認め得るような事情がある場合に限り、右の評価を受けるものと解するのが相当である」とし、「税務署長がその把握した収入金額に基づき更正をしようとする場合、客観的資料により申告書記載の必要経費の金額を上回る金額を具体的に把握し得るなどの特段の事情がなく、また、納税義務者において税務署長の行う調査に協力せず、資料等によって申告書記載の必要経費が過小であることを明らかにしない以上、申告書記載の金額を採用して必要経費を認定することは何ら違法ではないというべきである。」と判示し、違法な行政処分を行ったとしても、直ちに国家賠償法上の違法があるとはいえないとし、違法性相対説に立つことを明らかにした（以下、「平成５年最判」という。）※1 。

また、市長が住民票に非嫡出子の世帯主との続柄を「子」と記載した行為について国家賠償請求を提起した事案の最高裁判決（最判平成11年１月21日判時1675号48頁）においても、平成５年最判が引用されている。なお、平成５年最判については、「行政処分取消訴訟における違法性は、行政処分の法的効果発生の前提である法的要件充足性の有無を問題とするのに対し、国家賠償請求訴訟における違法性は、損害填補の責任を誰に負わせるのが公平かという見地に立って行政処分の法的要件以外の諸種の要素も対象として総合判断すべきものであるから、国家賠償法１条１項にいう違法性は、行政処分の効力発生要件に関する違法性とはその性質を異にするものであり、究極的には他人に損害を加えることを法が許容するところであるかどうかという見地からする行為規範違反性であると考えられる。」（井上繁規・最高裁判所判例解

※１　芝池・行政救済法（216頁）は、職務行為基準説を通常の行政活動に適用することについて慎重さが要請されると指摘している。

説民事篇平成５年度377頁）との解説もなされている。

⑶　以上のとおり、仮に、違反処理における措置命令が消防法令の要件を充たしておらず取消訴訟において違法と判断されても、国家賠償請求訴訟ではいわゆる職務行為基準説が適用されることにより消防機関が直ちに国家賠償責任を負うものではない。しかしながら、違反処理において措置命令を行うにあたっては、当該命令が名宛人等に及ぼす影響を考慮したうえで、当該命令の前提となる事実認定や法の解釈・適用、比例原則等について職務上尽くすべき注意義務を尽くしているか否か、換言すれば、各種の証拠資料を総合勘案したうえでの合理的な判断といえるかどうかという意識を常に念頭に置く必要がある。

Q29 取消訴訟において消防機関の措置命令が適法であると判断された場合、その後の国家賠償請求訴訟において消防機関の処分が違法と判断される可能性はあるのか？

A

取消訴訟で措置命令が適法であると判断された場合には、当該判決の既判力が国家賠償請求訴訟にも及ぶことから、原則として、原告が措置命令の違法（処分要件の欠缺）を主張することは許されない。

3 行政権限の濫用と国家賠償責任の成否

(1) 前出した違法性の異同の問題に派生して、取消訴訟において命令の適法性や違法性が裁判で確定した場合、その判決が、その後の国家賠償請求にどのような影響を及ぼすかという問題がある。すでに確定判決が存在していれば、同一事項について後訴ではもはや実質的に判断できないとか、前訴の判決どおりに判断しなければならないとする確定判決に与えられる後の審判に対する影響力を既判力という（藤木英雄他編「法律学小辞典（増補版）」有斐閣）。この既判力との関係で、仮に、取消訴訟において措置命令が適法と判断されて判決が確定した場合、その後に当該命令の名宛人が国家賠償請求訴訟を提起して、当該措置命令が違法であると主張できるかという問題である。

(2) この点については、「処分要件を定める行政法規に適合しているか否かが取消訴訟の判決によって既判力をもって確定されることは疑いがなく、その意味での判決の既判力が国家賠償請求訴訟に及ぶことには問題がない。したがって、処分の違法が取消訴訟によって確定された後に、国又は地方公共団体が処分が適法であること（処分要件の充足）を主張し、反対に、取消訴訟で敗訴した原告が処分が違法であること（処分要件の欠缺）を主張することは、取消訴訟の判決の既判力に妨げられて許されないものといえよう。」（司法研修所・実務的研究305頁以下）とされており、一般に違法性の判断については既判力が及ぶと解されている。

従って、設問において、原告は、国家賠償請求訴訟においては当該是正命令に違法性があると主張することはできないことになるが[※2]、「行政庁が、当該処分の法的効果を、私人の権利を侵害するという他の目的のために濫用したような例外的な場合には、仮に、処分が処分要件を充足しており適法な処分であることが既判力をもって確定されたとしても、この処分は違法な公権力の行使に当たるものとされよう。（最判昭和53年5月26日民集32巻3号689頁）」（司法研修所・実務的研究306頁）という指摘には留意する必要がある。

(3)　上記で引用された最高裁判例の事案は、Xが、山形県余目町に個室付浴場を開業しようとしたところ、山形県及び余目町がこれを阻止するため、余目町が、Xの開業予定地から200m以内の離れた場所にある町有地を児童遊園として急遽認可申請し、山形県が異例の早さで認可した（当時、風俗営業等取締法の規定によって、官庁、学校、児童福祉施設等の公共施設の周囲200mの区域内では、個室付浴場の営業は認められなかった）が、その後、Xが個室付浴場を開業したため山形県公安委員会から公衆浴場業につき風営法に基づく60日間の営業停止処分を受けたことから、

※2　芝池・行政救済法（243頁）は、取消訴訟において実際には行政処分の違法性の全面的な審理が行われないという事態も十分に考えられるとして、取消訴訟において原告の取消請求を棄却する判決が確定しても、国家賠償訴訟において行政処分の違法が認められる余地があるのではないかと思われる、としている。

Xは山形県に対し、営業停止によって生じた損害の一部の賠償請求を求めた。上告審である上記最高裁は、「原審の認定した右事実関係のもとにおいては、本件児童遊園設置認可処分は行政権の著しい濫用によるものとして違法であり、かつ、右認可処分とこれを前提としてなされた本件営業停止処分によって被上告人が被った損害との間には相当因果関係があると解するのが相当であるから、被上告人の本件損害賠償請求はこれを認容すべきである。」と判示し、Xの損害賠償請求を認容する判断をした。

(4) 上記最高裁判決については、認可処分自体が違法と判示されているが※3、国家賠償請求訴訟における判断であるから、児童遊園が児童福祉施設としての要件を備えていないという趣旨ではなく、この判示は、国家賠償法1条1項にいう「違法」を肯定したものと解すべきである（石井健吾・最判解説（昭和53年）205頁）。

また、実際にどのような場合が「行政権の著しい濫用」に当たるかという点については、事案ごとに個別、具体的に検討されるべきものであるが、一般的にいえば、動機ないし目的、手段の態様・程度等の諸事情を総合考慮し、一連の行為が行政の活動として、社会通念上相当として是認できるものかどうかという観点から判断することになる（藤山＝村田・行政争訟661頁）。

この点、私見ではあるが、近隣住民から立ち退き要求がなされている新興宗教団体が所有・居住する防火対象物について、消防機関が、反対住民の意向を受けて立入検査を行ったところ、複数の高齢の信者らが有料で食事等の介護を受けていた事実を覚知し、当該防火対象物の用途をサービス付高齢者住宅として認定したうえで屋内消火栓設備等の設置命令を行い、履行期限経過後に直ちに使用停止命令に移行した場合には、比例原則違反とともに

※3 Xが風俗営業等取締法違反で起訴された刑事裁判において、第1審及び第2審はXを有罪としたが、最高裁は児童遊園設置の認可処分の違法性を認めた。

行政権限の濫用として個々の命令を含む一連の違反処理が違法と判断される可能性があるのではないだろうか。

Q30 違法な違反処理によって行政（消防機関）が国家賠償責任を負う場合、当該違反処理に関与した消防職員個人もまた損害賠償責任を負うのか？

A

現在の裁判実務においては、故意の場合も公務員個人責任を否定する説が確定的な判断となっているので、原則として消防職員個人が損害賠償責任を負うことはない。

4 消防職員の個人責任

⑴　国賠法第１条は、「国又は公共団体の公権力の行使に当る公務員が、その職務を行うについて、故意又は重過失によつて違法に他人に損害を与えたときは、国又は公共団体が、これを賠償する責に任ず。」（第１項）と定める一方、「前項の場合において、公務員に故意又は重大な過失があつたときは、国又は公共団体は、その公務員に対して求償権を有する。」（第２項）と規定し、加害公務員が直接被害者に対して責任を負うか否かについては、条文上は明確に規定されていない。そこで、国賠法第１条第１項の国又は公共団体責任が認められる場合に、国家賠償責任とは別に当該公務員個人が責任を負うか否かが問題となる。

⑵　この点、学説は、故意の場合も公務員個人責任を否定する説（否定説）※4、故意の場合に限って公務員個人責任を肯定する説

※４　石井忠雄著「国家賠償訴訟入門」（63頁）は、否定説の根拠として、国家賠償法第１条第２項の求償規定との整合性や国家賠償法の制定時に、公証人等の個人責任を定めていた法律の規定も削除されていること、公務員個人への請求を認めると、職務行為が委縮し行政の停滞をもたらすおそれがあること等を指摘している。

(故意限定肯定説)、故意・重過失の場合に限って公務員個人責任を肯定する(故意・重過失肯定説)※5、軽過失についても公務員個人責任を肯定する説(肯定説)等に分かれているが、最高裁は一貫して公務員個人の責任を否定している。そのリーディングケースとなる最判昭和30年4月19日(民集9巻5号534頁)は、県知事が農地委員会に対して解散命令を発したことに関連して、農地委員らが県知事等を被告として解散命令の無効確認と名誉棄損による慰謝料を請求した事案であるが、「右請求は、被上告人等の職務行為を理由とする国家賠償の請求と解すべきであるから、国又は公共団体が賠償の責に任ずるのであつて、公務員が行政機関としての地位において賠償責任を負うものではなく、また公務員個人もその責任を負うものではない」と判示しており、その後も、同趣旨の最高裁判例が続いている(最判昭和46年9月3日判時645号72頁、芦別国賠訴訟・最判昭和53年10月20日民集32巻7号1367頁、違反是正支援センター・消防判例集2・5頁等)。

(3) このように現在の裁判実務では、否定説が確定的な判断となっていることから、万が一、違反処理に関与した消防職員個人が国家賠償請求訴訟の被告とされた場合には※6、上記最高裁の法理に則り、粛々と請求棄却の判決を求めることになるが、裁判所に対して答弁書等を提出するなどの必要最小限度の訴訟対応は余儀なくされる。また、加害行為の悪質性の程度が高い場合には、それは公務と無関係な行為としてそもそも国家賠償法第1条の適用が認められないことになり、この場合には、民法第709条により公務員の個人責任が成立するとされている(芝池・行政救済法240

※5 阿部・行政法解釈学Ⅱ(443頁)は、故意・重過失肯定説を妥当としつつ、立法論としては、認容額のせめて10%でも当該故意または重過失のあった公務員の連帯責任とし、最高は年俸の1年分とか、退職金の半分までと決めれば良いとする。

※6 報道によれば、森友学園に関する財務省の決裁文書の改ざんに関与させられたことを苦に自殺した近畿財務局の男性職員の妻が提起した国家賠償請求訴訟では、国のほかに財務省の佐川元理財局長が被告とされている。

頁）[※7]。なお、近年の不法行為における救済手段として金銭賠償にとどまらない修復的正義の考え方から公務員の個人責任を主張する学説等もある[※8]ことから、今後の国家賠償を巡る裁判や学説の動向については引き続き注視していく必要があろう。

※７　東京高判昭和 61 年８月６日判タ 612 号 26 頁、判時 1200 号 42 頁（警察官不当逮捕偽証工作事件）は、警察官の、他の捜査機関での参考としての供述および裁判での証言を、警察官としての職務行為に当たらないとして、職務関連性を否定した。

※８　松本克美「公務員個人責任の対外的不法行為責任免責論の批判的検討―修復的正義論及び法心理的分析をふまえて」立命館法学 361 号 765-794 頁。

コラム５　救急車のドライブレコーダー映像の取扱い

近時、救急車にはドライブレコーダー（DR）が搭載されていますが、DR によって撮影された個人の映像と個人情報との関係が問題となっています。個人情報には、氏名や鮮明な顔写真のように、その情報だけで特定の個人を識別できる場合に加えて、性別、生年月日等の情報、個人の身体、財産、社会的地位・身分等の属性に関して、事実、判断、評価を表すすべての情報が該当し、それによって特定の個人を識別することが可能なものである限り、画像、映像、音声、各種測定結果や検査結果を示す数値、保存されたクローン細胞や身体組織の一部等も含まれるといわれています（夏井高人他著「個人情報保護条例と自治体の責務」ぎょうせい）。それゆえ、救急車の DR に特定の個人が撮影された映像が記録された場合、この映像が個人情報に該当する場合には、個人情報保護条例に基づいた運用を行う必要があります。

この点、捜査機関から DR 映像の提供を受けた場合の消防機関の対応として、札幌市消防局ドライブレコーダー運用基準は、「消防車両の運行状態において事故等が発生したときは、当局側が被害者、加害者又は第三者にかかわらず、その消防車両に乗務する隊長は、直ちに法令等で定める処置を講じるとともに、管理者に事故等の状況を報告後、事故等の状況が記録された記録媒体を管理者に提出しなければならない」（第７条）、及び、「記録情報は、本条第１項の規定で定める範囲を超えて消防局内で利用し又は消防局以外のものに提供してはならない。ただし、総務部長が公益上特に必要と認めるときは、この限りでない」(第11条第3項) 等と定めています。

一方、DRを利用する撮影行為との関係では、肖像権に関する判例として、京都府学連事件 (最判昭和44年12月24日刑集23巻12号1625頁) があります。デモ行進に際して、警察官が犯罪捜査のために行った写真撮影の適法性が争われた事案で、最高裁は、「個人の私生活上の自由の一つとして、何人も、その承諾なしに、みだりに容ぼう・姿態を撮影されない自由を有する……。これを肖像権と称するかどうかは別として、少なくとも、警察官が、正当な理由もないのに、個人の容ぼう等を撮影することは、憲法13条の趣旨に反し、許されない」と判示しました。

また、山谷地区テレビカメラ事件 (東京高判昭和63年4月1日判時1287号152頁) は、山谷地区の派出所に予めテレビカメラを設置し、そのカメラで撮影する行為の適法性やその写真の証拠能力が問題となった事案です。東京高裁は、「たしかに、その承諾なくしてみだりにその容貌等を写真撮影されない自由は、いわゆるプライバシーの権利の一コロラリーとして憲法13条の保障するところというべきであるけれども、(中略) 当該現場において犯罪が発生する相当高度の蓋然性が認められる場合であり、あらかじめ証拠保全の手段、方法をとっておく必要性及び緊急性があり、かつ、その撮影、録画が社会通念に照らして相当と認められる方法でもって行われるときには、現に犯罪が行われる時点以前から犯罪の発生が予測される場所を継続的、自動的に撮影、録画することも許されると解すべきである」と判示しました。

今後の消防機関におけるDRによる撮影行為や記録した映像の取り扱いについては、個人情報保護条例や過去の裁判例等を十分に検討したうえで適切な運用を行うことが要請されます。

Ⅵ　巻末付録

「要請されているのは、きみがそこにいて語る
ということである」

（哲学者　アルフォンソ・リンギス）

1　平成17年度北海道支部違反是正事例研究会・証人尋問シナリオ（刑事）

【関連論点】

・消防法第５条の３に基づく吏員命令の要件となる危険概念

・消防法第５条の３に基づく吏員命令の名宛人の解釈と選択

・消防法第５条の３に基づく吏員命令と比例原則との関係

・立入検査における事前告知の要否

・消防法第5条の３第2項の略式代執行の可否

証人氏名：岡田安志

年齢：40歳

職業：消防吏員（Ａ消防署予防課・司令補）

裁判官：それでは、開廷します。今日は検察側申請の岡田証人の尋問です。岡田証人は在廷していますか。

検察官：はい。

裁判官：では、岡田証人は証言台の前に立って下さい。

（岡田証人が証言台の前に進み出る。）

裁判官：証人の名前は。

証人：岡田安志です。

裁判官：住所、生年月日、職業はこのカードに記載したとおりですね。

証人：はい。

裁判官：では、証言台に置いてある宣誓書を手にとって読み上げて下さい。

証人：宣誓　良心に従って真実を述べ、何事も隠さず、偽りを述べないことを誓います。岡田安志。

裁判官：今、宣誓したとおり、記憶に従って真実のみを述べて下さい。

もし、故意に記憶に反することや虚偽の事実を述べますと、偽証罪に問われることがありますので、くれぐれも注意して下さい。

裁判官：では、検察官、主尋問をどうぞ。

検察官：あなたは、A消防本部に採用されて何年になりますか。

証人：平成元年に採用されておりますので、今年で16年目になります。

検察官：あなたが、A消防署の予防課に勤務したのはいつですか。

証人：平成15年４月です。

検察官：あなたは、今年の３月30日にA市内にあるライオンビルに査察に行きましたか。

証人：はい。

検察官：あなた１人で行ったのですか。

証人：いいえ。同じ予防課の若松消防士長と共に２名で行きました。

検察官：査察に行った時間は何時頃ですか。

証人：午後８時頃と記憶しています。

検察官：査察に行くにあたり、ライオンビルのオーナーやテナントに事前に連絡等はしていたのですか。

証人：いいえ。今回の査察は抜き打ちでした。

検察官：実際に査察に行ったときの状況を説明して下さい。

証人：まず、ライオンビル１階の焼肉レストラン「闘牛」の店内を回った後、屋内階段を通って２階に向かいました。

検察官：２階に上がったときの階段室の状況はどうでしたか。

証人：ビールケースやビールの空き瓶、テーブル、椅子、ロッカー、食品関係のダンボール箱が山積みになっており、ひと１人が通るのがやっとという状況でした。

検察官：そこで、あなたはどうしたのですか。

証人：万が一、ビルで火災等が発生したときには避難の支障になると考えて、物件の所有者に撤去をお願いしようと思いました。

検察官：所有者は見つかったのですか。

証人：まず、２階のテナントである居酒屋「猛虎」に確認したのですが、あいにく経営者の伊東店長が不在で、副店長の田尾さんから事情を聴取しました。

検察官：田尾さんはどのような説明をしたのですか。

証人：まず、田尾さんは、居酒屋「猛虎」は昨年11月に開店したばかりで、自分も１週間前に雇われたばかりだと言っていました。田尾さんによれば、自分が雇われたときから２階の階段室に物件が放置された状態だったが、いつから置かれたものかは分からないと言っていました。また、猛虎の前に入っていた金券ショップが夜逃げをした際に大量の物件を残していったと聞いているので、もしかしたら階段室の物件も前のテナントが残したものかもしれない、とも言っていました。

検察官：猛虎の伊東店長はその日は休みだったのですか。

証人：田尾さんの説明では、伊東店長は２日前から体調を崩して入院しているが、入院先の病院は聞いておらず、また、退院時期も未定とのことでした。

検察官：結局、田尾さんの説明では、放置物の所有者が猛虎であることは確認できなかったということですか。

証人：はい。

検察官：次に、あなたはどのような行動をとったのですか。

証人：仕方がないので、次に、３階のテナントのスナック「スワロー」に行って、店長の古田さんに話しを聞いてみました。

検察官：古田さんは何と言っていましたか。

証人：まず、猛虎の前に入っていた金券ショップは２ヶ月前に夜逃げをしたが、そのときには２階の階段室に放置物はなかったと言っていました。
また、２階の階段室の放置物を見かけるようになったのは２週間ほど前からということですが、古田さん自身は物件を置く現場を目撃していないので、実際に誰が置いたのかは分からないとのことでした。また、２階の猛虎は、２週間前に大掛かりな改装工事を行っていたとも言っていました。

検察官：古田さんはそのまま放置物を放置していたのですか。

証人：古田さんも、火災や地震等があれば、店の客が逃げ遅れるという不安から、ビルのオーナーである昇竜興産に放置物の撤去をお願いしたようです。

検察官：昇竜興産はどのような対応だったのですか。

証人：昇竜興産の総務部長の落合さんが窓口になったようですが、オーナー側も放置物が誰のものか分からないので、うかつに処分できないと言って困っていました。

検察官：他に放置物に関して何か情報は得られなかったのですか。

証人　：同行した若松士長と一緒に１階のレストランや４階の雀荘にも事情聴取に行ったのですが、いずれの関係者も放置物の存在を知らなかったので、有力な情報は得られませんでした。

検察官：ビルオーナーである昇竜興産には確認しましたか。

証人：ライオンビルの５階が昇竜興産の事務所だったので、総務部長の落合さんに会って話をすることができました。

検察官：落合さんはどのように説明していましたか。

証人：落合さんは、ライオンビルの防火管理者でもあり、放置物の件についても認識してはいたものの、昇竜興産の社長が海外旅行中で、４、５日は全く連絡がとれないので、自分の判断だけでは対応できないとのことでした。落合さんは、以前にも同じようにテナントの残した放置物件を処分した際に、その後、出て行ったテナントから返還を求められて裁判にまで発展したことがあるとも言っていました。

検察官：結局、２階の階段室の放置物については、所有者や占有者を確定できなかったということですか。

証人：はい。

検察官：最終的にあなたはどのような対応をとったのですか。

証人：当日のライオンビルは、４階の雀荘も盛況で、３階のスナックや２階の居酒屋にも多数の客が入っており、万が一、火災や地震があった場合には逃げ遅れる危険があったため、若松士長とも相談したうえ、私の名前で、昇竜興産に対して、消防法第５条の３第１項に基づき放置物件の除去命令を出しました。

（命令書を証人に示す。）

検察官：あなたが出した命令はこれに間違いありませんか。

証人：はい。間違いありません。

検察官：この除去命令は、消防法第５条の３第１項に規定されている「防火対象物の関係者」に対するものですか。

証人：はい。

検察官：この除去命令に対して、昇竜興産はどのような対応をとりましたか。

証人：除去命令は、総務部長の落合さんが受領したのですが、その際には単に命令を受領しただけで、社長が戻ってから対応を考えたいとのことでした。

検察官：結局、放置物は除去されたのですか。

証人：査察から１ヶ月後に再びライオンビルに行きましたが、相変わらず、放置物はそのままの状態でした。

検察官：以上で終わります。

裁判官：では、弁護人、反対尋問をどうぞ。

弁護人：あなたは、平成15年4月にA消防署の予防課に配属になったということですがこのときからライオンビルの違反是正を担当していたのですか。

証人：はい。

弁護人：あなたが、ライオンビルの担当になってから今年3月に査察に行くまで、ライオンビルには何度査察に行きましたか。

証人：平成15年7月に一度査察に行きました。

弁護人：そうすると、平成16年には一度も査察に行っていないということですか。

証人：はい。

弁護人：平成15年7月に査察に行ったときのライオンビルの所有者は誰でしたか。

証人：株式会社青波商事という会社が所有者でした。

弁護人：そうすると、昇竜興産にビルの所有者が変わってから、今回が初めての査察ということですか。

証人：はい。

弁護人：通常は、防火対象物に何らかの消防法の違反事項が見つかったときは、まずは行政指導を行うのではないですか。

証人：ケースバイケースですが、一般的には行政指導を行うことが多いと思います。

弁護人：いきなり最初に査察を行った所有者に対して、しかも、2階のテナントが放置した物件にもかかわらず、全く行政指導をせずにいきなり命令を出すのはいき過ぎではないですか。行政の比例原則に反しませんか。

検察官：異議あり！今の弁護人の質問は誤導です。放置物の所有者が2階のテナントであるという事実はありません。

裁判官：異議を認めます。弁護人は質問方法を変えて下さい。

弁護人：では、少なくとも、ビルの所有者が関与していない放置物について、いきなり除去命令を出すことは問題ではありませんか。

証人：私としては、出来る限り放置物件の所有者や占有者を確定するために、ビルのオーナーやテナントに事情を聴取しましたが、最終的に確認がとれなかったためやむを得ず命令を出しました。

弁護人：あなたは、今回の命令を出すにあたり、上司に相談したのですか。

証人：同行した若松士長とは相談しましたが、上司には相談していません。

弁護人：消防内部や運用では、消防法第５条の３第１項の命令を出す際には、上司に相談することになっているのではないですか。

証人：運用上はそのように決められています。

弁護人：それでは、今回、あなたが出した命令は運用に違反しているということではないですか。

証人：運用には従っていませんが、法的には問題ないと考えております。

弁護人：次に、放置物の所有者について質問します。

あなたは、先ほどの検察官からの質問の中で、最終的に放置物の所有者や占有者を断定できなかったと証言しましたね。

証人：はい。

弁護人：それは誤った判断ではないですか。

証人：どうしてですか。

弁護人：先ほどの証言では、３階のスナックの店長は、前のテナントが夜逃げしたときは放置物がなかった、放置物を見かけるようになったのは２週間前だと言っているのですよ。

証人：はい。

弁護人：さらに、放置物の中身を見ると、ビールケースやビールの空き瓶も入っており、前に入っていた金券ショップが物件の所有者と考えるのは無理がありませんか。

証人：はい。

弁護人：そうであれば、放置物の所有者を居酒屋と認定してもいいのではないですか。

証人：私も居酒屋の可能性が高いとは考えました。

弁護人：それでは、何故、居酒屋ではなく、ビルオーナーの昇竜興産に命令を出したのですか。

証人：他の関係者の証言に照らして、最終的に居酒屋が所有者あるいは占有者と断定するまでには至らなかったからです。

弁護人：客観的には居酒屋が放置物の所有者であることは明らかではないでしょうか。あなたは、居酒屋に出すべき除去命令を、間違って昇竜興産に出したのではないですか。

証人：いいえ。法文上は、防火対象物の関係者にも出せることになっていますので、誤りではないと思います。

弁護人：ただ、仮に、放置物の所有者が居酒屋であれば、命令は居酒屋に出すべきではないですか。

証人：その通りです。

弁護人：それならば、あなた一人の個人的な判断によって、放置物件の所有者を居酒屋と特定することを躊躇って（ためらって）、防火対象物の関係者である昇竜興産に命令を出したことになりませんか。

証人：私だけの判断ではなく、若松士長にも相談しておりますが、現場の判断に基づいて命令を出したことはその通りです。

弁護人：質問を変えます。

あなたは、今回の除去命令は、消防法第５条の３第１項の「防火対象物の関係者」を名宛人にして行ったと証言されましたが、この場合、「特に緊急の必要があると認める場合」が要件になることは知っていましたか。

証人：はい。

弁護人：この場合の「特に緊急の必要があると認める場合」とは、具体的にはどのような場面をいうのですか。

証人：一般的には、物件の所有者、管理者若しくは占有者で権原を有する者の住所が現場から遠い等の事情があり、しかも、一刻も早く命令を行わないと火災予防上重大な支障を生ずるような場合をいいます。

弁護人：今回のライオンビルにはそのような事情はありましたか。

証人：今回の査察は、丁度、送別会シーズンと重なっており、2階から4階まで多くの客で混み合っていたため、火災が生じた場合には逃げ遅れて多くの死傷者を出す危険がありました。また、ライオンビルのオーナーによって速やかに放置物件の除去を行うことが期待できなかったという事情もあります。

弁護人：そうであるならば、むしろ、消防法第5条の3第2項に規定されている略式の代執行を行うべきではありませんか。

証人：略式の代執行も考えましたが、法令上は私に代執行を行う権限が付与されていなかったため、早期に物件の除去を実現する手段として除去命令を選択しました。

弁護人：あなたの証言では、結局、除去命令を出して1ヶ月経っても、2階の階段室の放置物は除去されなかったということですから、除去命令の目的は達成されていないのではないですか。

証人：残念ですが、結果的にはその通りです。

弁護人：以上で終わります。

裁判官：検察官、再主尋問はありますか。

検察官：はい。先ほどの証言の確認ですが、あなたは査察の際に、放置物件の所有者としては居酒屋の可能性が高いと考えたのですね。

証人：はい。

検察官：居酒屋に対して放置物の除去命令を出さなかった理由は何ですか。

証人：居酒屋の副店長が所有関係を否定したこともありますが、本来、除去命令の名宛人となるはずの伊東店長が入院中で、所在が不明だったということもあります。

検察官：つまり、居酒屋の店長に除去命令を届けたくても、所在が分からず、実際に命令を送達できる見込みがなかったということですね。

証人：はい。

検察官：終わります。

2　平成18年度北海道支部違反是正事例研究会・証人尋問シナリオ（民事）

【関連論点】

・質問権行使から資料提出命令・報告徴収権行使への転換
・消防法上の措置命令の要件となる危険概念
・行政権限不行使と国家賠償責任との関係

証人氏名：岡田安志
年齢：40歳
職業：消防吏員（A消防署予防課・司令補）

裁判官：それでは、開廷します。今日は被告申請の岡田証人の尋問ですね。岡田証人は在廷していますか。

被告代理人：はい。

裁判官：では、岡田証人は証言台の前に立って下さい。

（岡田証人が証言台の前に進み出る。）

裁判官：証人のお名前は。

証人：岡田安志です。

裁判官：住所、生年月日、職業はこの証人カードに記載したとおりですね。

証人：はい。

裁判官：では、証言台に置いてある宣誓書を手にとって読み上げて下さい。

証人：宣誓　良心に従って真実を述べ、何事も隠さず、偽りを述べないことを誓います。岡田安志。

裁判官：今、宣誓したとおり、記憶に従って真実のみを述べて下さい。

もし、故意に記憶に反することや虚偽の事実を述べますと、偽証罪に問われることがありますので、くれぐれも注意して下さい。

裁判官：では、被告代理人、主尋問を始めて下さい。

被告代理人：あなたは、A消防本部に採用されて何年になりますか。

証人：平成元年に採用されておりますので、今年で18年目になります。

被告代理人：あなたが、A消防署の予防課に勤務したのはいつですか。

証人：平成17年4月です。

被告代理人：あなたは、昨年5月8日にA市内にあるテレホンクラブ「リンリンコール」に査察に行きましたか。

証人：はい。

被告代理人：あなたの他に誰が同行しましたか。

証人：同じ予防課の若松士長と共に2名で行きました。

被告代理人：査察に行った時間は何時頃ですか。

証人：午後2時頃と記憶しています。

被告代理人：査察に行くにあたり、このテレホンクラブについて消防法上の違反事項があることは認識していましたか。

証人：はい。この防火対象物の査察台帳を確認したところ、一昨年の平成16年に実施した査察の結果、6つの違反事項があることを事前に確認しました。

被告代理人：乙第10号証・査察台帳を証人に示します。あなたが証言した査察台帳はこれに間違いありませんか。

証人：はい。

被告代理人：次に、先ほど証言した違反事項の内容を説明して下さい。

証人：自動火災報知設備未警戒・一部未設置、誘導灯未設置、消火器未設置、防火管理者未選任、消防計画未作成、避難訓練未実施、です。

被告代理人：実際にあなたがテレホンクラブに査察に赴いた際には、今、証言された違反事項は改善されていましたか。

証人：若松士長とともに、30分ほどかけて査察を行いましたが、前年の違反事項は全く改善されていませんでした。

被告代理人：消防法上、こうした違反事項を改善すべき義務を負っているのは誰になりますか。

証人：テレホンクラブが入っているイヌワシビルは区分所有建物となっておりますので、３階の区分所有者であり、かつ、テレホンクラブの経営者である野村忠徳氏が管理権原者として、義務を負担することになります。

被告代理人：あなたは、野村氏に対して、消防法の違反事項についてどのように指導したのですか。

証人：全く改善が見られなかったことから、直ちに改善に応じなければ、消防法上の措置命令を出すことも検討することを説明しました。

被告代理人：それに対して野村氏は何と言いましたか。

証人：改善したいのはやまやまだが、最近、全国チェーンのライバル店が近くに進出してきたため、店の売上げが落ち込んで、当面の間は、改修費用や消防設備の設置費用を捻出することは困難である、と説明していました。

被告代理人：その他に何か言っていましたか。

証人：平成17年４月中旬には何者かに店の前で消火剤を撒かれたり、３階の階段踊り場付近でボヤ騒ぎがあったとも言っていました。

被告代理人：そのボヤ騒ぎは本当に遭ったのですか。

証人：はい。Ａ消防署に戻ってから確認したところ、確かに、平成

17年4月25日に119番通報が入って、消防隊が出動した記録がありました。

被告代理人：結局、あなたはどのような対応をしたのですか。

証人：若松士長とも相談したうえ、今回は、消防法の違反事項について改善通知書を野村氏に交付して消防署に戻ってきました。

被告代理人：甲第15号証・改善通知書を示します。

あなたが野村氏に交付した改善通知書はこれに間違いないですか。

証人：間違いありません。

被告代理人：あなたは、消防署に戻った後、査察の結果を上司に報告しましたか。

証人：はい。

被告代理人：上司からはどのように指導されましたか。

証人：改善状況を定期的に確認して、指導を継続するよう言われました。

被告代理人：あなたは上司の指示どおり、査察後、テレホンクラブの改善状況を確認したのですか。

証人：まず、１週間後の５月16日に電話で状況を確認したところ、消火器を購入したことを聴取しました。また、実際に、１か月後の６月９日にテレホンクラブに赴いて、消火器が備え付けられたことを現地で確認しています。また、７月にも野村氏に電話をして改善状況を確認しましたが、店の売上げが依然として思わしくないので、すぐには工事に取り掛かれないと言っていました。さらに、９月と11月の２度現地に確認に赴いたところ、11月には野村氏から、12月に開催される防火管理講習に申し込んだとの報告も受けました。

被告代理人：実際に野村氏は防火管理講習に申し込んでいたのですか。

証人：後日、申込をしていたことは確認しています。

被告代理人：こうした状況の中で、あなたは、テレホンクラブに対して警告や命令を出すことは検討したのですか。

証人：当初は全く改善が見られなければ、警告、命令に移行することを考えていましたが、消火器が付いて、防火管理講習にも参加することから、徐々に改善の兆しが見られたので、引き続き改善指導を繰り返すことにしました。

被告代理人：こうした行政指導を繰り返すことは、あなたの上司も了解していたのですか。

証人：その都度、上司にも報告して了解を得ていました。

被告代理人：そうした矢先の昨年11月30日に本件火災が発生したのですね。

証人：はい。

被告代理人：あなたは、火災発生後に現場に赴きましたか。

証人：はい。

被告代理人：テレホンクラブに自動火災報知設備や誘導灯は設置されていましたか。

証人：いいえ。

被告代理人：今回の火災では、店舗入り口から一番奥の個室の利用者が逃げ遅れて死亡したことは知っていますね。

証人：はい。

被告代理人：仮に、テレホンクラブで、消防の指導に従って自動火災報知設備や誘導灯が設置されていたとしたら、その利用客は助かった可能性はありますか。

証人：個室は天井から床まで完全に密閉されており、また、出火元と思われる隣の個室にガソリンが撒かれていたため火の回りも速かったので、一概に助かったということはできないと思います。

被告代理人：最後に、あなたが、今回の査察を受けて、テレホンクラブに対して警告や命令を出さなかった理由を説明して下さい。

証人：まず、最初に、昨年５月に査察に赴いた後、消火器の設置や防火管理講習の申込がなされるなど、徐々に改善の状況が見られたことがあります。仮に、全く改善がなされなければ、査察後、速やかに警告や命令に移行したと思います。

被告代理人：その他に理由がありますか。

証人：実際に改修費用等が捻出できないということもあり、テレホンクラブの経済事情にも配慮したことも事実です。こうした弁解は現場では非常に多いのですが、資力のない相手に対して多額の費用負担を強いることになる違反是正を進めることは、行政の立場としてもやりづらいことは否めません。さらに、避難口や階段等は設けられていましたので、万が一のことがあっても、避難上の障害は少ないと判断しました。

被告代理人：主尋問を終わります。

裁判官：では、原告代理人、反対尋問をどうぞ。

原告代理人：あなたが、昨年５月にテレホンクラブに査察に行ったときは、一昨年の査察のときと状況は変わっていなかったということでよろしいですか。

証人：はい。

原告代理人：そうすると、６つの違反項目については、少なくとも１年以上改善がなされなかったことになりませんか。

証人：そのとおりです。

原告代理人：一昨年の査察から昨年の査察までの間、消防ではテレホンクラブに対してどのような違反処理をしていたのですか。

証人：前任者が、私同様、電話連絡や現地に直接赴いて改善指導を継続していたと聞いております。

原告代理人：そうすると、先ほど証言された消火剤の件やボヤ騒ぎは、そうした改善指導の中で発生した事件ということになりますね。

証人：そうです。

原告代理人：一昨年の査察から全く改善していないかったことについては、野村氏はどのように説明していたのですか。

証人：昨年は私が担当ではなかったので、直接聞いたわけではありませんが、査察台帳等を確認した限りでは、同じく経済的理由で改修できないことや、多忙を理由に防火管理講習に参加できないと説明していたようです。

原告代理人：そうすると、経済的に苦しいという理由は、全国チェーンのライバル店が進出してくる前からということになりませんか。

証人：そうですね。

原告代理人：本当にテレホンクラブの経営は苦しかったのですか。あなたは、確定申告書や帳簿等の資料でその点について確認したのですか。

証人：いいえ。個人情報の問題もありますので、そこまでは求めませんでした。

原告代理人：査察では、消防法第４条で資料の提出命令や報告徴収をすることもできるのに、あなたはそれを行使しないで、野村氏の説明を鵜呑みにしたのですか。

証人：あえて命令を出して資料まで確認する必要はないと判断しました。

原告代理人：警察の捜査では、失踪した野村氏は数千万円の現金を持って逃げたとのことですが、あなたはそれを知っていますか。

証人：最近になって警察から聞きました。

原告代理人：仮に、テレホンクラブで自動火災報知設備や誘導灯を設置する場合には、どのくらいの費用が必要なのですか。

証人：設備業者でなければ正確には分かりませんが、店の規模からみると数百万円単位で足りると思います。

原告代理人：それでは、質問を変えましょう。

あなたは、今回の査察の結果について上司に相談したと証言されましたね。

証人：はい。

原告代理人：上司とは具体的には誰のことですか。

証人：予防課の原課長です。

原告代理人：原課長からは、自動火災報知設備や誘導灯の設置時期について具体的に期限を設けるよう指示はなかったのですか。

証人：原課長は、野村氏から改善計画書を査察後1か月以内に提出させるように指示しましたが、私から野村氏にその旨を伝えても、結局、野村氏から改善計画書は提出されませんでした。

原告代理人：昨年6月にはテレホンクラブに消火器が備え付けられたことを確認したということですが、必要な個数を満たしていましたか。

証人：昨年6月9日に現地に赴いた際には個数が不足していたので、口頭で指導して消火器を増やしてもらいました。

原告代理人：次に、防火管理講習の申込についてですが、昨年5月の査察から11月の本件火災までの間に、防火管理講習は何回開催されたのですか。

証人：6月に1度開催されていました。

原告代理人：野村氏は、この6月の講習会には参加しなかったのですね。

証人：そのとおりです。

原告代理人：その点については、あなたから野村氏に参加するよう指導していたのですか。

証人：査察後、電話等でできるだけ早く講習会を受講するよう指導していましたが、多忙を理由にしてなかなか申込をしてもらえませんでした。

原告代理人：あなたとしては、野村氏に対して、消防法に基づき防火管理者選任命令を出そうと考えなかったのですか。

証人：この点についても、上司と検討を重ねていましたが、昨年11月に野村氏から防火管理講習の申込がなされたため、命令を出す必要はないと判断しました。

原告代理人：一昨年の査察時から計算すると、テレホンクラブには約１年半もの間防火管理者が選任されていない状態が続いていたにもかかわらず、それでも、消防では防火管理者選任命令を出さないのですか。

証人：消防では、行政指導を中心とした違反是正が行われており、命令を発動する場合でも裁量の幅がありますので、本件においても命令を出さずに指導していたことは誤りではないと考えます。

原告代理人：しかし、消防法の規定では、管理権原者から選任された防火管理者が、消防計画の作成や避難訓練の実施にあたることになっているので、防火管理者が選任されることは防火対象物として必要最低限の防火対策となるのではないですか。

証人：確かに消防法の規定はそのように定められていますが、残念ながら、数ある防火対象物の中には、防火管理者の選任の必要性を十分に理解いただけない場合があることも事実です。我々消防としては、このような防火対象物の管理権原者の方を粘り強く説得して防火管理者を選任していただけるよう理解していただくことが必要と考えています。

原告代理人：Ａ消防署では、過去に防火管理者選任命令を出した例があるのですか。

証人：10年位前に市内の飲食店ビルで火災があったときに、ビル所有者に選任命令を出したことがあると聞いております。

原告代理人：今回のテレホンクラブの火災では、店舗入り口付近の個室にいたお客さん１名が助かったことは知っていますね。

証人：はい。

原告代理人：このお客さんは、何故、助かったのですか。

証人：実際に消火活動にあたった消防隊から聞いた話では、受付をしていた従業員から火事が起きたことを知らされたので避難できたということです。

原告代理人：その従業員は、今回死亡したお客さんには火事を知らせることができなかったのですか。

証人：当時、亡くなったお客さんは店舗の一番奥の部屋を利用していましたが、通路に煙が充満していたため、近づくことができなかったということです。

原告代理人：従業員は、消火器を使用して消火活動にあたらなかったのですか。

証人：その従業員は20歳のアルバイト店員でしたが、避難訓練等の経験もなかったため、消火器の使い方もよく分からず、また、相当混乱していたこともあって、助かったお客さんと一緒に慌てて避難したと聞いています。

原告代理人：その従業員が消火器等を使用して適切に初期消火にあたっていれば、本件火災の拡大を防げたのではないですか。

証人：先ほども証言したとおり、本件では出火元の個室にガソリンが撒かれていたので、火の勢いが激しく、消火器では消火できなかったと思います。

原告代理人：あなたは、先ほどの証言の中で、自動火災報知設備や誘導灯が設置されていても、一概に利用客が助かったとはいえないと言いましたね。

証人：はい。

原告代理人：逆に、自動火災報知設備や誘導灯が設置されていれば、利用客が助かった可能性はないと言い切れますか。

証人：利用客が避難できた可能性もあると思います。

原告代理人：本来、自動火災報知設備や誘導灯は、万が一、火災が起きた場合でも利用客が避難できるように設置されているのですから、設置されていても助からないというのはおかしくありませんか。

証人：消防法は、防火対象物について、最低限必要な消防設備の設置を類型的・包括的に義務づけるものですから、消防法の規定どおりに消防設備を設置したとしても、火災において死傷者が出る可能性は完全には否定できません。

原告代理人：そうした前提に立っても、少なくとも、消防法に定められた消防設備を設置した方が、利用客の救命可能性が増すことは間違いありませんね。

証人：それはそのとおりです。

原告代理人：あなたは、テレホンクラブに措置命令を出さなかった理由として、テレホンクラブに改善の兆しが見られたから、と証言されていましたね。

証人：はい。

原告代理人：しかし、今、振り返って見ると、このテレホンクラブが取り組んだことといえば、僅かな費用をかけて消火器を備え付けたことと、野村氏が防火管理講習に申し込んだことであり、根本的な改善は何ら図られていなかったのではないですか。

証人：大幅な改善が見られなかったことは事実です。

原告代理人：また、管理権原者側の事情として、経営が苦しいので消防設備を付けられないということは、消防として措置命令を出さない正当な理由になるんですか。

証人：本来的には防火対象物の経済状況にかかわらず必要な消防設備を設置していただきたいのですが、実際の現場ではこのような管理権原者の方から切実に訴えられることが多く、消防としても、融資制度を紹介するなどして対応をお願いしているのが現状です。

原告代理人：つまり、今回のケースについては、自動火災報知設備や誘導灯を設置するよう警告や命令を出すことは、消防法上は可能であったということですね。

証人：消防法上の要件としては問題なかったと考えますが、現場の裁量として警告や命令を出すまでに至らないと判断しました。

原告代理人：あなたは、このテレホンクラブの査察を担当して、火災予防のプロとして火災危険や人命危険を感じませんでしたか。

証人：全く感じなかったわけではありませんが、消防法上の措置命令を出すほどの切迫した危険までは感じませんでした。

原告代理人：消防法上の措置命令を出すためには、あなたが言うような「切迫した危険」が必要なのですか。

証人：防火対象物の管理権原者に対して多大な経済的な負担を強いる以上、抽象的で曖昧な危険というだけでは措置命令は出せないと思います。

原告代理人：結果的には火災により人命が失われているという現実に照らせば、このテレホンクラブについては、相当に具体的な切迫した危険が存在したとみるべきではありませんか。

証人：それは結果論であり、当時の現場としてはそのようには判断しませんでした。

原告代理人：本件のような不幸な事故が起きた結果として、その後、消防として対応したことはありますか。

証人：昨年12月にＡ市内の全ての防火対象物を対象として一斉査察

を実施して、違反事項の改善を図りました。

原告代理人：その一斉査察によって警告や命令を出したケースはあるのですか。

証人：２年以上にわたり防火管理者を選任していないケースについては管理権原者に対して警告を出したほか、避難通路に障害物を置いていた防火対象物については、消防法第５条の３に基づき除去命令を出したケースもあります。

原告代理人：今、証言された直ちに除去命令を出したケースと、行政指導にとどまった本件のテレホンクラブでのケースとは、内容的にどこに違いがあるのですか。

証人：消防法第５条の３は、査察を担当する個々の消防吏員に命令を出す権限が与えられていますが、テレホンクラブのケースは、消防署長が命令権者となることから、命令発動にあたってはより慎重に検討されることになります。

原告代理人：命令権者が違うということだけですか。

証人：いいえ。消防法第５条の３の命令は、管理権原者側でも容易に改善が可能な場合を想定していますが、本件のように消防設備を設置するには多額の費用を要するなど管理権原者側が受ける負担が重くなります。

原告代理人：結局は管理権原者の資力の問題ということですかね。

証人：……。

原告代理人：反対尋問を終わります。

裁判官：最後に裁判所からいくつかお尋ねします。

先ほどの証言の中で、昨年４月に本件防火対象物の踊り場でボヤ騒ぎがあったとおっしゃっていましたが、消防への119番通報は何時頃でしたか。

証人：記録上では午後３時頃となっています。

裁判官：その際にはテレホンクラブを含めて負傷者等は出なかったのですか。

証人：幸い負傷者は出ませんでしたが、ちょっとしたトラブルが…。

裁判官：そのトラブルというのは何ですか。

証人：そのとき、たまたまテレホンクラブの受付の従業員がトイレに行って不在にしていたため、店のお客さんが消防隊が到着するまでボヤ騒ぎに気付かずにいたということがありました。

裁判官：それから、防火管理講習についてですが、受講者はどの程度の時間拘束されるのですか。

証人：講習会は連続2日間開催され、いずれも午前10時から午後5時までが受講時間となっております。

裁判官：仮に、今回のテレホンクラブに措置命令を出す場合には、消防内部ではどのような手続を経るのですか。

証人：査察を担当した私が、一旦、消防署に戻って措置命令を出すための稟議書を起案し、これに上司である課長、部長の了解をいただき、最終的には署長の決済を得て命令書を発行することになります。

裁判官：今回のテレホンクラブについて、自動火災報知器や誘導灯が火災予防や人命危険の回避という点で有効であることは間違いありませんか。

証人：はい。

裁判官：これで証人尋問を終わります。ご苦労様でした。

3　平成19年度予防事務研究会・証人尋問シナリオ（行政）

【関連論点】
・消防法上の措置命令と憲法との関係
・消防法第17条の4の名宛人の解釈
・措置命令と行政指導との関係（比例原則）
・消防法上の措置命令の要件となる危険概念
・履行期限経過後の命令違反罪に対する刑事告発の要否

⑴　事案の概要

北海道内のA市内にある11階建ての建物の1階から8階までを飲食店やカラオケ店として賃借しているテナント（会社）において、スプリンクラー設備の未設置及び防火管理者未選任（後者は数年前から改善指導を継続）が判明したことから、A消防署長は、会社の代表者に対して、消防法第8条第3項に基づく防火管理者選任命令及び同法第17条の4に基づくスプリンクラーの設置命令を発したところ、テナント会社の代表者は、①憲法第14条及び第29条違反、②名宛人（管理権原者）の誤認、③警察比例の原則違反、の違法があるとして消防長に対して審査請求を行い、これが請求棄却の裁決がされた後、上記設置命令の取り消しを求める行政訴訟をA地方裁判所に提起した。

⑵　登場人物（スタッフ）

原告側代理人弁護士（坪井）	1名
被告側代理人弁護士（工藤）	1名
裁判官（稲葉）	1名
証人（消防職員・田中）	1名
テナント会社社長（森本）	1名

(3)　シナリオ

（第１幕・ナレーション）

平成19年３月、場所はＡ市内のとある建物内の社長室。消防査察担当者田中がテナント会社の社長である森本と面談している場面。

田中：失礼します。私、Ａ消防署の査察担当をしております田中と申します。

森本：ああ、消防さんですか。いつも大変お世話になっています。今日は何か問題でもありましたか。

田中：まず、昨年の査察のときにも指摘したのですが、社長が経営しているこちらの建物の焼肉店とカラオケ店からは防火管理者が選任されていませんね。

森本：あっ、すみません。忙しくて、私が防火管理者の講習会に参加する時間がとれなくて……。今年は必ず講習会に参加しますから。

田中：去年もそのようなことを言っていたと思いますが……。
それに、こちらのテナントにはスプリンクラーも設置されていませんね。

森本：ええーっ。スプリンクラーが必要なんですか。これまでの査察では全く指摘されませんでしたよ。

田中：ご存知だと思いますが、この建物は、昨年まで10階建てだったのですが、今年になって11階部分を増築したので、新たにスプリンクラーの設置義務が生じたんですよ。

森本：それは困りますよ。その増築は、この建物のオーナーが決めたことで、テナントのうちには全く関係ないじゃないですか。それに今、うちの会社の経営はいっぱいいっぱいですから、スプリンクラーを付ける余裕なんか全くありませんよ。

田中：しかし、法律上の設置義務があることは変わりませんから。
　このままでは消防法上のスプリンクラーの設置命令や、さらに火災危険が高まれば使用停止命令も検討せざるを得ないですよ。

森本：冗談じゃありません。何故、うちは何も悪くないのに、使用停止命令なんか受けなければいけないんですか。困ったなあ……。

（ここで、しばらく考え込む。）
　そうだ！それなら、消防さんから私の会社宛にスプリンクラーの設置命令を出して下さいよ。
　私の会社は、この建物の１階から８階までを借りているいわばお得意様ですから、消防さんの設置命令をオーナーに見せれば、オーナーとしても仕方なくスプリンクラーを設置せざるを得なくなりますよ。

田中：しかし、そもそも一テナントに過ぎないあなたの会社にスプリンクラーを設置する法律上の権原があるんですか。

森本：（消防職員に契約書を見せながら）
　ほら、大丈夫ですよ。オーナーとの間の賃貸契約書には、オーナーから事前に承諾があれば、私の会社が建物内の造作ができると書いてありますから。ほら、ここです。

田中：（契約書を確認して）
　なるほど、そうですね。分かりました。では、先ほどの防火管理者の選任と合わせて消防署長名で命令書を後ほど交付しますので、その際に受領の署名・押印をお願いします。

森本：分かりました。お安いごようです。

田中：では、履行期限を平成19年12月15日としておきますので、それまでに必ずスプリンクラーを設置して下さい。それに、オーナーにもきちんと説明しておいて下さいよ。

森本：承知しました。任せておいて下さい。

（ナレーション）

しかしながら、テナント会社は、その後、設置命令の履行期限を過ぎてもスプリンクラーを設置しなかった。A消防署では、所轄の警察署と刑事告発も検討していたところ、テナント会社の社長から消防長に対して審査請求がなされ、これが棄却されると、A地方裁判所に取消訴訟を提起した。裁判では、テナント会社の社長が、憲法違反やスプリンクラーの設置命令の名宛人が間違っているので命令は無効であると主張する中、いよいよ大詰めを迎え、査察担当者である田中消防士長の尋問が行われることとなった。

（第2幕・法廷シーン）

（主尋問）

裁判長：では、開廷します。

今日は、被告申請の田中証人の尋問ですね。では、田中証人は、証言台の上にある宣誓書を声に出して読み上げて下さい。

田中：はい。

宣誓、良心に従い真実を述べ、何事も隠さず、何事も付け加えないことを誓います。田中俊介。

裁判長：今、宣誓したとおり証人は記憶に従って証言して下さい。記憶に違うことを述べると、偽証罪に問われることがあるので気をつけて下さい。

それでは、被告代理人、主尋問を始めて下さい。

被告代理人：では、被告代理人の工藤から証人にお尋ねします。あなたは、A消防署に勤務して何年になりますか。

田中：今年で9年目……、いや、間違いました。10年目です。

被告代理人：落ち着いて答えて下さいね。

田中：はい。なにぶん、裁判に出るのは初めてなもので……。

被告代理人：消防署での役職は消防士長でよろしいですね。

田中：はい。

被告代理人：次に、あなたが、本件建物の査察担当になったのはいつからですか。

田中：平成16年４月からです。

被告代理人：すると、原告が経営する本件建物内の１階から４階の「焼き肉ハム太郎」や５階から８階の「カラオケＢＢ」の査察も平成16年から証人が担当していたのですね。

田中：そうです。

被告代理人：乙第３号証の査察台帳を示します。

（査察台帳を証人台に置く。）

この査察台帳を見ると、「焼き肉ハム太郎」や「カラオケＢＢ」には平成16年から平成19年にかけて防火管理者未選任という違反項目が記載されていますね。

田中：はい。

被告代理人：証人は、こうした店舗に対してどのような指導をしたのですか。

田中：店舗を経営する社長の森本さんに対して、査察の都度、防火管理者の講習会を受講して、防火管理者選任届を出すよう促がしました。また、防火管理者未選任の違反項目を改善するように改善指導通知書も交付しております。

被告代理人：すると、原告は、証人のそうした繰り返しの指導にも全く従わず防火管理者の選任を３年間にわたり怠っていたわけですね。

田中：そのとおりです。

被告代理人：ちなみに、防火管理者とは、消防法上、どのような役割を担っているのですか。

田中：消防法では、防火管理者が防火対象物の消防計画を作成し、また、消火、通報、避難訓練の実施、消防用設備などの点検や整備等の業務を行うことになっております。

被告代理人：つまり、防火管理者とは、防火対象物に関する防火管理の中心的役割を担っているということですね。

田中：そのとおりです。

被告代理人：そうした防火管理者を３年間も未選任のままにしておくというのは、防火管理の面では問題なのではないですか。

田中：おっしゃるとおりなのですが、何度指導してもなかなか防火管理者が選任されない対象物が多いのが現実です。過去の大規模な火災事故でも、防火管理者が選任されていないケースが数多くありました。

被告代理人：証人は、平成19年の査察において、原告に対し、それまでの行政指導ではなく、防火管理者選任命令を出していますが、それは何故ですか。

田中：やはり、３年間も防火管理者を選任していないということで、火災危険が認められたことや、行政指導だけでは改善の可能性が低いと判断したからです。

被告代理人：分かりました。

次に、スプリンクラーの設置命令についてお尋ねします。

この建物については、平成19年になってスプリンクラーの設置義務が生じたことは間違いありませんか。

田中：はい。本件建物は全階無窓階ですが、平成18年までは建物は10階建てでしたので、設置義務の対象ではありませんでした。しかし、その後、11階の増築工事を行ったため、新たにスプリンクラーの設置義務が生じました。

被告代理人：消防法第17条の４によれば、消防用設備の設置命令の名宛人として、「当該防火対象物の関係者で権原を有する者」

と規定されていますが、この建物については、誰がスプリンクラーの設置義務を負うことになるのですか。

田中：設置命令の名宛人については、平成19年の査察の際にも検討したのですが、現場で建物所有者と賃借人との契約書を確認したところ、賃借人が建物内の造作をするという規定になっており、また、賃借人である原告が自らスプリンクラーを設置すると申し出ていましたので、原告が設置義務を負担していると判断しました。

被告代理人：裁判長、乙第２号証の命令書を示します。

裁判長：どうぞ。

被告代理人：（命令書を証言台の前に置く。）

ここに、当時、あなたが交付した命令書がありますが、ここにある受領の署名・押印は原告本人が記入したものに間違いありませんか。

田中：はい、私の面前で森本社長本人が記入しました。

被告代理人：そうすると、原告自身が、消防法上もスプリンクラーの設置義務を自ら負っていたことを認めたうえで、ここに署名・押印したということですね。

原告代理人：裁判長、異議あり。

原告は、当時、消防法上の知識がないまま署名押印に応じたものに過ぎません。従って、今の被告代理人の質問の中で、原告が法的に設置義務を認めたという点は明らかに誤導であります。

裁判長：異議を認めます。被告代理人、質問を変えて下さい。

被告代理人：分かりました。

では、確認ですが、消防法上、防火対象物の「関係者」とはどのように定義されているのですか。

田中：消防法第２条第４号では、「防火対象物又は消防対象物の所有者、管理者又は占有者」と規定されています。

被告代理人：証人は、原告をどのような立場で名宛人と判断したのですか。

田中：今申し上げました定義の中で、防火対象物の「管理者」という立場で名宛人と判断しました。

被告代理人：法文上は、本件建物の所有者である高橋さんも、管理権原者としてスプリンクラーの設置義務を負うようにも読めますが、その点はどうなのでしょうか。

田中：解釈上は建物所有者が設置義務を負うと考える余地もありますが、本件では、原告が建物の大部分を賃借していることに加え、賃貸借契約の条項やテナントからの説明等を根拠に、原告が法律上正当にスプリンクラーの設置を行い得る者と判断しました。

被告代理人：分かりました。ところで、スプリンクラーの設置命令については、平成19年の査察の際に初めて違反となったのですが、その際に、警告などの行政指導をせずに、いきなり署長名で設置命令を出したのは何故ですか。

田中：消防法上は、違反是正処理の中で特に行政指導や警告がなければ命令を出せないということにはなっていません。これまでは、消防用設備の違反が判明しても、その場ですぐに命令を出すことはなかったのですが、平成13年の歌舞伎町の雑居ビルの火災の後、全国的に違反是正を推進する動きが高まり、特に、避難経路に障害物が置いてあるケースなどはその場で除去命令を出すようになりました。

被告代理人：証人としては、スプリンクラーの未設置の状態について速やかな対応が必要と考えたのですか。

田中：本件建物のような無窓階の建物では一旦火災が発生すると、逃げ遅れて多くの死傷者が出ることは平成13年の歌舞伎町の火災でも証明されています。ですから、火災危険や人命危険が特に高い対象物ということで、消防署長名で速やかに命令を出すことにしました。

被告代理人：それで、その後、飲食店にはスプリンクラーは設置されたのですか。

田中：いいえ。履行期限の平成19年12月15日を過ぎてもまったく設置されませんでした。

被告代理人：消防としては、飲食店に対してどのように対応したのですか。

田中：履行期限が経過した後、実際に飲食店を訪れてスプリンクラーの設置を促がしたのですが、原告は、建物所有者との折衝がうまく行かず、また、店の売上げも相変わらず思わしくないので、スプリンクラーの設置には当分応じられない、と説明していました。

被告代理人：その後、消防では、刑事告発などの措置を検討しましたか。

田中：このまま放置できないので、警察との間で刑事告発に向けて協議をしていたところ、原告から本件の命令について消防長に対して審査請求がなされました。

被告代理人：その審査請求が棄却されたので、原告がこの取消訴訟を提起したのですね。

田中：そのとおりです。

被告代理人：今回の命令の対象となった違反は、消防法に照らして悪質性が高いものと判断していいですか。

田中：はい。防火管理者の未選任は長期に及んでおり、また、スプリンクラーは多数の客を集める本件建物にとって必要不可欠の消防設備ですので、こうした違反を放置したまま漫然と営業を続ける原告の悪質性は極めて高いものと考えます。

被告代理人：ところで、消防では原告を刑事告発したのですか。

田中：A消防署では初めての告発事案になりますが、現在、警察や検察と最終の協議を行っているところです。おそらく、来月には告発に踏み切ることになると思います。

被告代理人：これで主尋問を終ります。

裁判長：では、原告代理人、反対尋問をどうぞ。

原告代理人：はい。では、原告代理人の坪井からお尋ねします。

まず、本件の話に入る前に確認したいのですが、A市内には防火対象物はどの位あるのでしょうか。

田中：おそらく5,000件位かと思います。

原告代理人：では、その5,000件のうち、防火管理者が未選任の物件はどの位あるのですか。

田中：1,200件ほどだと思います。

原告代理人：ほう、1,200件もあるんですか。それでは、本件建物と同じように3年以上防火管理者が未選任の物件はどの位ですかね。

田中：えー、そうですね、約半数は3年以上防火管理者が選任されていないと思います。

原告代理人：そうすると、600件もの防火対象物が3年以上も防火管理者が選任されていないまま営業を続けているということですか。いやー、これは驚きましたね。

では、その600件のうちで、本件のように防火管理者選任命令を出しているのは何件あるんですか。

田中：えーっと、おそらく2～3件かと思います。

原告代理人：たった2、3件ですか。600件の中の1パーセント以下ですよ。なぜ、そんなに少ないんですか。

田中：物件ごとにいろいろと事情が違いますから。例えば、既に防火管理者の講習に申し込んでいるものや、査察の後に所有者が変更になったもの、管理権原者が不明なものもありますので、一律に選任命令を出すことはできません。

原告代理人：それにしても、原告だけに防火管理者選任命令を出すのは、いかにも不公平、不平等ではないですか。それとも、原告の経営する飲食店について、他の違反対象物とは違う何か特別な事情でもあったのですか。

田中：そうですね、無窓階の店舗であることと、防火管理者講習会に申し込む時期が明らかではなかったことがあります。

原告代理人：たったそれだけの事情で選任命令を出すというのは明らかに行きすぎという感じがしますがね。

まあ、いいでしょう。

次に、スプリンクラーの設置命令についてお尋ねしますよ。

まず、証人は、この飲食店のスプリンクラーの設置工事費用がいくらかかるか知っていますか。

田中：いや、ちょっと分かりません。

原告代理人：甲第15号証の工事見積書を示します。

(工事見積書を証言台の前に置く。)

これを見て下さい。原告が消防設備の専門業者に見積を依頼したところ、3,000万円もかかることが分かりました。これは、決して安い金額ではありませんね。

田中：ええ、そうですね。

原告代理人：証人は、このような高額の工事費用がかかることを承知で原告にスプリンクラーの設置命令を出したのですか。

田中：いえ、そうした費用については特に調べておりません。

原告代理人：全く調べていないんですか。平成19年の査察の際、原告は証人に対して、経営が苦しいと説明していませんでしたか。

田中：確かそのようなことは言っていましたが、そうした経済的事情は設置命令を出す際には考慮しません。

原告代理人：そうすると、消防としては、設置命令の名宛人が経済的に工事費用を捻出できないことが分かっていても、それにはおかまいなしで命令を出すということですか。

田中：一応、事情としては伺いますが、そうした理由で命令を猶予したり、変更したりすることはできません。

原告代理人：つまり、消防が出す命令の中には、そもそも履行が不可能なものがあるということですか。

田中：そうした経済的な事情があるケースについては、融資制度を紹介するなどして対応しています。

原告代理人：それも結局は相手方に借金をさせるということですよね。

では、次の質問ですが、今回のスプリンクラーの設置命令、これはそれまで行政指導がなされていないにもかかわらず、まさに、即座に発令されていますが、これも行き過ぎではないんですか。

田中：先ほども証言したとおり、本件テナントには査察により具体的な火災危険が認められましたので、発令に踏み切りました。

それに、社長の森本さんからも、スプリンクラーの設置命令を出してほしいと頼まれましたので…。

原告代理人：ちょっと待って下さいよ。それは、設置命令を出す正当な理由になるんですか。それとも、消防は、相手方から頼まれれば、すぐに命令を出すような運用をしているんですか。

田中：いえ、それは単なる事情の一つで……。

原告代理人：それでは、質問を変えます。証人は、警察比例の原則というのをご存知ですかね。

田中：えっと……。

原告代理人：あなたは、そんなことも分からないですか。本当に消防の採用試験を合格したんですか。

被告代理人：裁判長、異議があります。今の原告代理人の質問は、証人をことさらに侮辱するものであります。

裁判長：異議を認めます。原告代理人はもう少し質問の内容を考えて下さい。

原告代理人：いやいや、どうもすみません。では、私からご説明しますが、要するに、警察比例の原則とは、行政権限の行使において、達成されるべき目的ととられる手段の間に比例関係がなければならない、ということですね。

田中：そうでした。

原告代理人：それでは、今回のスプリンクラーの設置義務は、平成19年の増築により初めて生じたわけですから、例えば、まずは行政指導をするなり、せいぜい警告にとどめるという方法でも十分目的は達せられたのではないですか。

田中：いいえ。実際に、本件建物には現在もなおスプリンクラーが設置されていないことを見ても、行政指導や警告では改善はされなかったことは明らかです。

原告代理人：いやいや、それは結果論でしょう。それに、スプリンクラーが今でも設置されていないのは、消防が間違った名宛人に命令を出したからではないですか。

田中：私は、命令の名宛人は間違っていないと思いますが……。

原告代理人：そうですかね。では、次に、その名宛人についてお尋ねしましょうか。

証人は、先ほどの証言で、原告が消防法第17条の4の管理権原者に該当すると言いましたね。

田中：はい。

原告代理人：防火対象物について、一般的に消防用設備の設置義務を負うのは誰ですか。

田中：消防用設備の種類によって変わりますので、一概には言えません。

原告代理人：では、スプリンクラーの場合はどうですか。

田中：一般的には、建物の所有者だと思います。

原告代理人：そのとおりですね。テナントが勝手に建物を工事して設備をつけられては、所有者もたまりませんからね。では、本件について、建物所有者ではなく、テナントである原告にスプリンクラーの設置命令を出したのは何故ですか。

田中：先ほども申し上げたとおり、本件建物の大部分を原告が賃借していますし、建物賃貸借契約書に、賃借人が造作することができる、と書いてありました。また、賃借人である原告本人から自分で設置するという意思表示があったからです。

原告代理人：甲第20号証の建物賃貸借契約書を示します。

（契約書を証言台の前に置く。）

よーくここを見て下さい。証人が指摘している条項には、「事前に賃貸人の承諾を得た場合には、賃借人が造作することができる。」と記載されていませんか。

田中：は、はい。

原告代理人：いいですか。この契約書には、賃借人がいつでも自由に建物を造作できるとは書いていませんよ。あくまでも、賃貸人、つまり建物所有者の了解がある場合に造作ができる、となっていますね。

田中：はあ……。

原告代理人：証人は、実際に建物所有者から、原告がスプリンクラー工事を実施することについて了解したことを確認したんですか。

田中：いいえ、原告がオーナーを説得すると……（※小さな声で）。

原告代理人：ええっ、聞こえませんよ。もう少し大きな声でお願いします。

田中：いいえ、原告がオーナーとかけあうと言っていたので、私から建物所有者に接触することは差し控えていました。

原告代理人：そうすると、この設置命令を出すにあたっては、建物所有者が工事について了解したかどうかは分からないまま発令したということですね。

田中：そうです。

原告代理人：そもそも、賃料が月100万円のテナントが、わざわざ3,000万円もの費用をかけて工事すること自体、不自然な話だとは思いませんでしたか。

田中：確かに、金額的に見れば重い負担といえますが、スプリンクラーの工事費用を誰が負担するかについては、純粋に民事の賃貸借契約の問題ですので、消防があれこれ詮索することではないと思いました。

原告代理人：消防ではそんな基本的なことも確認しないんですか。

それに、この契約書の「造作」という言葉ですがね、広辞苑によれば、「建物内部の仕上材、取付物の総称。天井、床板、階段、棚、敷居、鴨居などの類」と説明されていることからしても、造作に消防設備工事まで含むというのもちょっと無理がありませんか。

田中：そうした法律上の解釈については、ちょっと……。

原告代理人：いやいや、単なる日本語の問題ですよ。

それに、証人は、さきほど、原告がスプリンクラーを設置する意思表示をしたと証言していますが、本当に原告自身が工事をすると言ったんですか。

田中：えーっと、原告が設置工事をすることができると言っていましたが、建物所有者に工事をしてもらうとも言っていましたので、実際に誰が工事を発注するかは明確ではありませんでした……。

原告代理人：そうですか。その点も曖昧なままだったのですね。

では、最後に、甲第25号証の建物所有者である高橋氏の陳述書を示します。

（陳述書を証言台の前に置く。）

この裁判が始まった後、私が建物所有者の高橋さんにお会いして確認したところ、確かに、原告から命令書は見せられたが、名宛人は原告になっているので、高橋さんには迷惑はかからないから、と説明されたそうですが、いかがですか。

田中：いや、原告は、私には、この命令書をもっていってオーナーにかけあって工事をしてもらう、と言っていたんですよ。

原告代理人：そうしたやりとりは、何か記録に残っているんですか。

田中：いいえ、特に記録には……。

原告代理人：これで尋問を終ります。

裁判長：では、最後に私から２、３点お聞きします。

まず、これまでＡ消防署では、スプリンクラーの設置命令はどの位発令しているのですか。

田中：本件を含めて５件発令しています。

裁判長：その５件の命令の名宛人は誰ですか。

田中：所有者が３件とテナントが２件です。

裁判長：本件以外でテナントを名宛人として発令した設置命令の内容はどのようなものですか。

田中：はい。建物所有者から建物を一棟借りしているいわゆるサブリースと呼ばれる賃借人を名宛人として発令しました。

裁判長：なるほど、分かりました。

それと、一般に消防が違反処理を行うにあたり、マニュアルというのはあるのですか。

田中：はい、ございます。

裁判長：スプリンクラー等の消防用設備の未設置については、どのような手順で違反処理を進めることになっているのですか。

田中：第１次措置としては警告、第２次措置としては設置命令、第３次措置としては使用停止命令となっております。

裁判長：そうですか。

そうすると、少なくとも、今回の設置命令はマニュアルどおりではないということですね。

田中：はい。

裁判長：私からは以上です。本日の尋問はこれで終ります。証人はお疲れ様でした。

4　平成29年度岐阜県消防学校・消防職員専科教育予防査察科第4期・証人尋問シナリオ（民事）

【関連論点】

・防火対象物の用途認定の判断要素
・立入検査における強制調査の可否
・立入検査の実体的要件の判断基準
・立入検査拒否罪と刑事告発の関係
・行政権限不行使と国家賠償責任の関係

［登場人物］

裁判官：落合五郎

原告代理人：高木　蛍（弁護士）

被告代理人：小松正吉（弁護士）

証人：星野　純（37歳・職業：桃山市消防局予防課・司令補）

［シナリオ］

裁判官：それでは、開廷します。私は、本件の担当裁判官の落合といいます。今日は被告申請の星野証人の尋問ですね。星野証人は在廷していますか。

被告代理人：はい。

裁判官：では、星野証人は証言台の前に立って下さい。

（星野証人が証言台の前に進み出る。）

裁判官：証人のお名前は。

証人：星野純です。

裁判官：住所、生年月日、職業はこの証人カードに記載したとおりですね。

証人：はい。

裁判官：では、証言台に置いてある宣誓書を手にとって読み上げて下さい。

証人：宣誓　良心に従って真実を述べ、何事も隠さず、偽りを述べないことを誓います。星野純。

裁判官：今、宣誓したとおり、記憶に従って真実のみを述べて下さい。

もし、故意に記憶に反することや虚偽の事実を述べますと、偽証罪に問われることがありますので、くれぐれも注意して下さい。では、証人は着席して下さい。

被告代理人：主尋問を始めて下さい。予定時間は15分です。

被告代理人：では、被告代理人の小松からお尋ねします。まず、乙第30号証の陳述書を証人に示します。この陳述書には末尾に証人の署名と押印がありますが、これは証人の記憶に従って正確な内容が記載されているということでよろしいですね。

証人：はい。

被告代理人：証人は、桃山市消防局に採用されて何年になりますか。

証人：私は、元々、北海道の富良野で生まれ育ちましたが、縁合って、平成15年4月に桃山市消防局に採用されました。ですから、今年で……14年目になります。

被告代理人：15年目ではないですか。

証人：あっ。間違えました。15年目です。

被告代理人：少し緊張されているようですが、落ち着いて質問に答えて下さい。

証人：はい。

被告代理人：証人が、桃山市消防局の予防課で勤務を始めたのはいつですか。

証人：平成27年4月からです。

被告代理人：証人は、桃山市内にあるシェアハウス「鮎見ハウス」を知っていますか。

証人：はい。

被告代理人：昨年７月に「鮎見ハウス」で火災が発生し、入居者７名が死亡したことも知っていますね。

証人：はい。

被告代理人：証人は「鮎見ハウス」の違反処理の担当者だったのですか。

証人：はい。

被告代理人：証人が、「鮎見ハウス」の違反処理を担当するに至った経緯を簡単に説明して下さい。

証人：はい。元々、「鮎見ハウス」は一般住宅として建築されたため、平成27年12月までは桃山市消防局では未把握の防火対象物でした。ところが、平成27年９月から12月にかけて、「鮎見ハウス」の従業員と名乗る人物から「入居者の具合が悪い」との119番通報が３回入り、救急隊員が建物内部に入ったところ、合計８名の高齢者が生活しており、うち５名が介助を受けなければ起き上がることもできない状態であることや、従業員らしい人物が２名いて食事等を提供していること、建物内に自動火災報知設備やスプリンクラー等の消防用設備が全く設置されていないことを確認しました。

被告代理人：そうした「鮎見ハウス」に関する情報は、その後、救急隊から予防課に伝えられたのですか。

証人：はい。平成27年12月に救急隊から情報提供を受け、早速、予防課内で協議した結果、平成28年１月に私が「鮎見ハウス」の違反処理を担当することになりました。

被告代理人：ちなみに、証人は予防課勤務の経験は何年になりますか。

証人：私は警防の現場の勤務が長いので、予防課勤務は今回が初めてです。

被告代理人：証人は、違反処理の担当になった後、どのように業務を進めたのですか。

証人：まずは、「鮎見ハウス」の利用実態を把握する必要があると考えて、立入調査の協力を求めて、昨年１月上旬に「鮎見ハウス」に電話をしたのですが、電話に出た男性から、多忙のため時間がとれないと言われ、改めて日程調整をすることになりました。

被告代理人：その他に、証人が実際に行ったことはありますか。

証人：電話の際に、電話に出た男性から「今後も救急要請等でお世話になるので、よろしくお願いします。」と告げられたため、「鮎見ハウス」をインターネットで検索してみたところ、「鮎見ハウス」のホームページが見つかり、「鮎見ハウス」が高齢の入居者に対して有料で食事の提供や入浴介護をしていることが分かりました。

被告代理人：乙第20号証を証人に示します。これが、証人が見たホームページの内容で間違いありませんね。

証人：はい。ここに記載されているとおり、「鮎見ハウス」のホームページには、「全力介護」「看護スタッフによるオンコール体制」「顧客満足度ナンバーワン」等という宣伝文句がうたわれていました。

被告代理人：この件でさらに証人がとった行動はありますか。

証人：桃山市の保健福祉局に問い合わせたところ、保健福祉局の職員からは、「『鮎見ハウス』は有料老人ホームとして把握していないが、ホームページの内容から有料老人ホームに該当する可能性が高いので、立入調査を合同で実施したい。」との申出がありました。

被告代理人：その後、「鮎見ハウス」に保健福祉局との合同の立入調査は行ったのですか。

証人：昨年１月下旬に、再度、「鮎見ハウス」に電話をし、保健福祉局と合同で立入調査をしたい旨の協力を依頼したのですが、電話で対応にあたった「鮎見ハウス」の相談役と名乗る牛島氏は、自らが警察OBであることを告げたうえで、「この建物は個人の住居であり、個人の住居に消防や保健福祉局が承諾なしに立ち入ることは職権濫用であり、憲法の住居不可侵に反する。」と強い口調で拒否されました。

被告代理人：そうした拒否回答を受けて、予防課ではどのような対応をとったのですか。

証人：確かに「鮎見ハウス」の建物の登記簿謄本を取寄せたところ、建物の種類の欄は「居宅」と記載されていました。消防法４条には、個人の住居には関係者の承諾がなければ立ち入ることができないと規定されていますので、立入検査は見合わせることとし、引き続き粘り強く任意の立入調査の協力を求めるという方針になりました。

被告代理人：証人はその後も「鮎見ハウス」に立入調査の協力を要請したのですか。

証人：私から２週間に一度の割合で「鮎見ハウス」に電話をかけて立入調査の協力を求めていました。その間、牛島氏から、「消防が個人の住居であることを認めるなら、立入調査に応じてもよい。」と言われたこともありますが、結局、最後まで協力は得られませんでした。

被告代理人：その他に「鮎見ハウス」から何か動きはありましたか。

証人：昨年６月中旬には桃山市の市議会議員から消防局に問い合わせがあり、「鮎見ハウス」の経営者と昔からの知り合いということで、消防局が「鮎見ハウス」に対して再三にわたり立入調査を求めていることについて直接説明を求められました。

被告代理人：昨年7月に起きた「鮎見ハウス」の火災の後に立入検査を実施したのですか。

証人：はい。関係者の承諾を得たうえで、火災後の「鮎見ハウス」に保健福祉局と合同で立入検査を実施したのですが、建物内部は予想どおり実態は老人ホームとして利用されており、必要な消防用設備は全く設置されていませんでした。

被告代理人：今、証人が証言した「必要な消防用設備」とは具体的にはどのようなものですか。

証人：スプリンクラーや自動火災報知設備、消防機関へ通報する火災報知設備、誘導灯です。

被告代理人：消防用設備の未設置以外に「鮎見ハウス」に消防法令違反はありましたか。

証人：はい。防火管理者未選任や消防計画未作成の違反もありました。

被告代理人：「鮎見ハウス」には、このように多くの消防用設備未設置や防火管理上の違反があったのですが、火災発生前に消防として何かとり得る手段はありましたか。

証人：消防法には防火対象物に関する多くの命令規定がありますが、いずれも対象建物の実態を把握することが必要となります。しかしながら、「鮎見ハウス」については当初から立入調査が拒否されたため建物内部を確認することができませんでした。その結果、法令違反の有無や命令要件の充足を判断することができず、消防法上の権限を行使することができませんでした。

被告代理人：消防として、立入調査の協力を得られない場合や立入検査を拒否された場合に、関係者の意向を無視して立入検査を強行することは許されているのでしょうか。

証人：いいえ。消防による立入検査はあくまでも間接強制にとどまり、罰則が唯一の担保となりますので、関係者の意思に反してまで立入検査を強行することはできません。

被告代理人：つまり、消防としては、関係者の協力が得られず、命令の前提となる立入調査が実現しなかったため、「鮎見ハウス」について消防法令において規定されている命令を出すことは不可能だった、ということでしょうか。

証人：その通りです。

被告代理人：主尋問を終わります。

裁判官：では、原告代理人、反対尋問をどうぞ。予定時間は20分になります。

原告代理人：それでは、原告代理人の高木から質問します。時間も限られていますので、私が尋ねたことだけに端的に答えて下さい。

証人：はい。

原告代理人：では、最初に、救急隊からの情報提供についてお尋ねしますが、よろしいですか。証人は先ほどの証言の中で、「鮎見ハウス」に救急隊が平成27年に３回出動したと言っていましたね。

証人：そのとおりです。

原告代理人：３回出動した救急隊は全部同じ救急隊員で構成されていましたか。

証人：いいえ。１回目と３回目は同じ救急隊ですが、２回目の出動は違う救急隊が出動しました。

原告代理人：そうすると、述べで数えると合計６名もの救急隊員が「鮎見ハウス」の建物内部を確認したことになりますが、間違いないですね。

証人：はい。

原告代理人：証人は、この６名の救急隊員全員から「鮎見ハウス」の内部状況について情報提供を受けたのですか。

証人：いいえ。情報提供を受けたのは、１回目と３回目に出動した救急隊の隊長一人です。

原告代理人：すると、「鮎見ハウス」の利用状況を現認した６名の救急隊員のうち１名からしか情報提供を受けていないということになりますね。

証人：そのとおりです。

原告代理人：次に、その救急隊長からの情報提供ですが、具体的にはどういう方法で説明を受けたのですか。

証人：方法というのは……。

原告代理人：例えば、実際に救急隊長と面談したとか、書面での報告を受けたとか、そういった情報提供の伝達方法の意味ですが。

証人：救急隊の夜勤明けの時間に報告を受けたので、電話で数分間説明を受けただけです。

原告代理人：救急隊長に実際に「鮎見ハウス」の建物の内部図面を書いてもらって説明を受けたとか、そうしたことはなかったのですね。

証人：はい。

原告代理人：証人は、救急隊が出動した際の救急活動記録票を確認しましたか。

証人：いいえ。救急活動記録票には傷病者のプライバシー等の個人情報も含まれておりますので、目的外で使用・閲覧することはできないと判断し、確認しませんでした。

原告代理人：では、質問を変えます。証人は、先ほどの証言の中で、消防法４条では個人の住居は関係者の承諾がなければ立ち入ることができないので、「鮎見ハウス」についてはその承諾が得られずに立入検査を見合わせたと説明していましたが、間違いありませんか。

証人：はい。

原告代理人：法令の確認ですが、消防法4条では、個人の住居には関係者の承諾がなければどんな場合であっても立ち入ることはできないのですか。

証人：ええ。そうだと思いますが……。

原告代理人：本当にそうですか。消防法4条には「火災発生の虞が著しく大であるため、特に緊急に必要がある場合」であれば、関係者の承諾がなくても、立ち入ることができると規定されていませんか。

証人：ああ、そうでした。思い出しました。

原告代理人：今回、「鮎見ハウス」では実際に火災が起きて7名が逃げ遅れて死亡するという事故があったのですが、これは「火災発生の虞が著しく大であるため、特に緊急に必要がある場合」とはいえなかったのでしょうか。

証人：「鮎見ハウス」で火災が起きたことは事実ですが、それは結果であって、昨年1月の時点ではそうした緊迫した状況は認められませんでした。

原告代理人：今回の火災の原因は、入居者のタバコの不始末となっていますが、救急隊員が昨年出動した際に、複数の入居者が居間でタバコを吸っている場面や床のカーペット上にタバコの吸殻による焼け跡を見ていたのではないですか。

被告代理人：異議あり！　原告代理人が指摘した事実は、証人が直接経験したものではない、他から伝聞した事実です。

裁判官：異議を認めます。原告代理人、質問を変えて下さい。

原告代理人：分かりました。では、質問を変えましょう。今回の火災の火災原因調査書には、複数の入居者が喫煙していたことや、今回の火災発生箇所とは離れた別の部屋にタバコによる焼け跡が複数発見されているとの記載がありますが、証人もこの調査書は目を通していますね。

証人：はい。

原告代理人：では､「鮎見ハウス」に出動した救急隊長から、入居者が喫煙していた事実や床にタバコの焼け跡があったことは報告を受けていませんでしたか。

証人：私は、救急隊長からはそのような報告は受けていません。

原告代理人：仮に、こうした情報が事前に予防課に提供されていれば､「鮎見ハウス」への消防法４条の立入検査を実施した可能性はありますか。

原告代理人：裁判長！今の原告代理人の質問は、証人に事実ではなく意見や推測を求めるものです。

裁判官：異議を認めます。

原告代理人：では、質問を変えます。火災原因調査書に記載されている入居者の喫煙の事実やタバコの焼け跡が発見されたという事実は、消防による立入検査の判断に影響を及ぼしますか。

証人：ご指摘の事実は、一般論としては立入検査における判断要素の一つになり得ると思いますが､「鮎見ハウス」については、当時はいずれも消防が把握していなかった事実になりますので、その質問にはお答えすることはできません。

原告代理人：分かりました。では、次に、消防法４条の立入検査以外の権限についてお聞きしていきます。消防法４条には、立入検査以外にも、資料の提出や報告徴収について規定されていますね。

証人：はい。

原告代理人：消防として、今回の火災発生前に「鮎見ハウス」に対して、資料の提出や報告徴収を求めたことはありますか。

証人：いいえ。

原告代理人：「鮎見ハウス」の利用実態を把握する手段として、立入調査以外に、資料の提出や報告徴収を活用することを検討しなかったのですか。

証人：立入調査の協力が得られない中で、予防課内でも資料提出や報告徴収を求めることについて一応検討はしましたが、あくまでも違反処理は立入調査が原則であり、立入調査の協力が得られない相手にそうした措置を講じても無駄だろうという意見が大勢（たいせい）を占めて、結局、実施しませんでした。

原告代理人：消防内部では、防火対象物の立入調査をしないと命令等の違反処理はできないという取り決めや内部ルールがあるのですか。

証人：いいえ。特にそのようなルールはありません。

原告代理人：例えば、入居者と「鮎見ハウス」との間の入居契約書や入居者のケアプラン、入居者の介護認定の結果通知書、医療機関から提出されている診断書、従業員の活動記録、建物平面図等は「鮎見ハウス」の用途判定に有益な情報になるのではないですか。

証人：そのとおりですが、こうした資料や情報は、通常は立入調査の際に関係者から任意で提出を受けることが一般であり、これまで桃山市消防局でも単独で資料提出命令や報告徴収を求めたことはありません。

原告代理人：なるほど、前例がないので、権限を行使しなかったということですね。

証人：そういうわけでは……。

原告代理人：いや、結構です。それと、証人は、先ほどの証言の中で、「鮎見ハウス」に立入調査の協力を求めたと説明していましたが、これは消防法4条による立入検査を求めたわけではないのですね。

証人：私としては、保健福祉局との合同調査ということで、あくまでも任意の調査の協力を求めたに過ぎず、消防法４条の立入検査権を行使したとは考えていません。

原告代理人：消防法４条の条文上は、立入検査権を行使できるのは「消防長又は消防署長」とされていますが、いわゆる消防吏員が単独で権限を行使できる権限ではないんですね。

証人：消防吏員が単独で権限を行使できるのは消防法３条及び５条の３による障害除去のための措置命令に限定されており、その他の権限は消防長や消防署長の下命を受けて行使することになります。

原告代理人：そうすると、証人が「鮎見ハウス」に立入りの協力を要請するにあたっては、消防長や消防署長による下命はなかったと理解していいですね。

証人：はい。私は、「鮎見ハウス」については消防長や消防署長からそのような命令は受けていませんが、年度当初に策定した年間査察計画で決められた立入調査については、消防局長から査察担当者の職を命じられています。

原告代理人：そうすると、今回、「鮎見ハウス」は、桃山市消防局では未把握の物件だったのですから、当然、年間査察計画には含まれておらず、したがって、消防法４条の立入検査権限は行使していないということでいいですね。

証人：法的にいえば、「鮎見ハウス」については、そういうことになると思います。

原告代理人：そうですか。しかし、消防法４条の立入検査については、検査の拒否について罰則規定がありますので、仮に、証人が消防署長から下命を受けて立入検査権を行使していれば、「鮎見ハウス」も刑罰をおそれて、しぶしぶ立入検査に応じたという可能性はありませんか。

証人：仮定の質問ですのでお答えしかねますが、実際に罰則を課すためには捜査機関に対する刑事告発が必要になり、その後に立件されるかどうかは定かではないうえ、刑罰も罰金30万円ですから、それほど効果は期待できないと思います。

原告代理人：桃山市消防局では、これまで立入検査拒否について実際に刑事告発したことはあるのですか。

証人：私が消防職員になるかなり以前に一度あると噂では聞いていますが、私が消防職員になってからは、立入検査拒否については一度も刑事告発したことはありません。

原告代理人：なるほど。これもまた前例が少ないということが理由のようですね。

証人：いや、そういうわけでは……。

原告代理人：ここで、証人に、甲第35号証の消防庁予防課作成の「立入検査標準マニュアル」を示します。

裁判官：許可します。

原告代理人：証人は、この「立入検査標準マニュアル」は知っていますね。

証人：はい。桃山市消防局でも同じ内容のマニュアルを作成して運用しております。

原告代理人：この「立入検査標準マニュアル」の4枚目の表面の下から2行目に「用途変更等の状況変化が見られた場合、必要に応じ速やかに立入検査を実施する必要がある」と記載されていますが、桃山市消防局では、昨年1月の時点で「鮎見ハウス」が一般住宅から高齢者入居施設に用途変更された事実を覚知していたにもかかわらず立入検査を実施しなかったことは、このマニュアルに反する判断や運用だったのではないですか。

証人：いや、あの……。昨年1月の時点では「鮎見ハウス」の用途変更の状況変化を十分に確認できてはいませんでしたので、立入検査を実施するというところまではいっていなかったかと……。

原告代理人：では、質問を変えます。今回の火災の時点で「鮎見ハウス」の入居者の中に「矢沢清吉さん」という方がいらっしゃいましたが、ご存知ですか。

証人：いいえ、知りません。

原告代理人：裁判長、証人に甲第40号証を示します。

裁判官：許可します。

原告代理人：実はこの裁判の途中で「鮎見ハウス」の入居者名簿を入手したのですが、その中に「矢沢清吉さん」というお名前が記載されていました。「矢沢清吉さん」は幸い今回の火事では救出されて軽症で済んだのですが、この方は証人の記憶にありませんか。

証人：そのお名前には心当たりはありません。

原告代理人：そうですか。実はこの入居者名簿には、それぞれの入居者の親族のお名前や職業も記載されているのですが、ここを見て下さい。この「矢沢清吉さん」の息子さんの「矢沢草太さん」という方はご存知ないですか。

証人：えっ。あの……。

原告代理人：「矢沢草太さん」の職業欄には桃山市消防局消防職員と記載されていますが、どうですか。

証人：おそらく、昨年８月まで同じ予防課に勤務していた「矢沢草太」ではないかと思います。

原告代理人：「矢沢草太さん」は、現在はどこで勤務しているのですか。

証人：昨年９月に一身上の都合で退職しました。退職後は実家の牧場経営を手伝っていると聞いています。

原告代理人：「矢沢草太さん」は昨年８月まで証人と同じ予防課で勤務していたのですから、当然、「鮎見ハウス」に関する情報にも接していましたね。

証人：はい。矢沢は「鮎見ハウス」の違反処理を検討した会議にも何度か出席していました。

原告代理人：「矢沢草太さん」は、その会議の席で「鮎見ハウス」について発言はしていなかったのですか。

証人：矢沢がそうした会議の席で何か発言していたような記憶はありません。

原告代理人：矢沢さんとしても、「鮎見ハウス」に立入検査が実施され、消防法違反が判明すれば、自分の父親をそのまま「鮎見ハウス」に住まわせることが難しくなるので、あえて表ざたにしなかったとは考えられませんか。

証人：そう言われてみれば、確かに矢沢は去年１月から悩んでいた様子が時折見られましたが、詳しいことは矢沢本人に聞かなければ分かりません。

原告代理人：「矢沢草太さん」から「鮎見ハウス」の実態について情報提供があれば、その後の「鮎見ハウス」の違反処理に影響があったと考えられますか。

証人：そうですね……。確かに、矢沢を通じて、入居契約書や建物の内部状況、入居者の介護の内容はある程度把握できたはずですので、立入検査を経なくても警告や命令を出せた可能性は否定できないと思います。

原告代理人：証人は、先ほどの証言の中で、「鮎見ハウス」にはスプリンクラーや自動火災報知設備、消防機関へ通報する火災報知設備、誘導灯が設置されていない違反もあったと説明していましたが、専門的立場から見て、こうした設備が設置されていれば、入居者が助かった可能性はありますか。

証人：死傷者の中には自立歩行できない入居者もいましたので、一概にはいえませんが、１階の自室のベッドで寝たままの状態で亡くなった方もいましたので、消防用設備が適切に設置されていれば、早期に消火や避難が進み、被害が少なくなった可能性はあるかもしれません。

原告代理人：それならば、「鮎見ハウス」に対して消防法の権限を適切に行使していれば、今回のような被害は出なかったということですね。

証人：いや、そうではなくて……。しかし、消防法の権限行使といっても、人間の判断が前提となりますので、様々なヒューマンエラーが重なった結果として、火災による被害をゼロにすることはできないのではないでしょうか。

原告代理人：私、失敗しないので、今の証言はとても理解できません。

以上で、反対尋問を終わります。

裁判官：最後に、私から証人にいくつかお尋ねします。まず、先ほどの証言の中で、立入検査や資料提出命令、報告徴収について触れられていましたが、これらの命令の要件となる消防法４条の「火災予防のために必要があるとき」とは、現場感覚で結構ですが、どの程度の危険性があれば要件として足りるのでしょうか。

証人：先ほども申し上げましたとおり、桃山市消防局ではほとんど消防法４条の命令を行使した先例がないので、具体的な事例をあげて説明できないのですが、逐条解説などによれば、「個別的、具体的な火災危険性の存在を要求するものではなく、一般的、抽象的な火災危険の存在で足りる」と説明されています。

裁判官：本件でいえば、自分ひとりで生活できない高齢者が多く入居している施設であるにもかかわらず、必要な消防用設備が設置されていなかったり、防火管理者が選任されていない場合、先ほどの消防法４条の「火災予防のために必要があるとき」に該当するといえないのでしょうか。

証人：この点も、前例がないので明確にはお答えできないのですが、私の個人的な意見としては、立入検査が、国民の自由や財産に現実に働きかけて制約を加えるものであり、公権力性を有する作用であることに鑑みれば、行政機関はその実施にあたっては厳格に解釈しなければなりません。ですから、限られた情報しか把握していなかった当時の状況では、いまだ消防法４条の要件に該当していたとはいえないと思います。

裁判官：この点については、学説には厳格性が要求されないとの考え方もあるようですが、ひとまず証人のお考えは分かりました。では、質問を変えます。消防法上の措置命令をするにあたっては、条文の「できる」という体裁ぶりからも明らかなように消防にある程度の裁量が与えられていると考えられますが、客観的には要件を充足していても、実際には命令を見合わせるのはどのようなケースなのでしょうか。

証人：これもケースバイケースになりますが、防火対象物の関係者から資金不足や経営難を理由に泣きつかれて、命令にまで至らない事案が多く見られます。また、稀にですが、関係者による違反是正が早期に期待できるような場合もあげられます。

裁判官：「鮎見ハウス」にはそうした資金的な問題や早期に違反が改善されるような事情があったのですか。

証人：「鮎見ハウス」の資金面については、決算書等を確認していないので詳しくは分かりませんが、「鮎見ハウス」の不動産登記簿謄本を見たところ、その敷地や建物には金融機関の抵当権等は設定されていませんでした。また、立入調査における関係者の非協力的な態度に照らせば、行政指導によって「鮎見ハウス」に消防用設備等を早期に設置させることも難しかったように思います。

裁判官：桃山市では５年前にもグループホーム火災があり、３名の入居者が亡くなった事件があったと記憶していますが、その後、桃山市消防局としてこうした高齢者施設に対する火災予防の取組や違反処理について改善した点はあるのでしょうか。

証人：はい。５年前の火災を受けて、桃山市消防局では予防課の職員を増員して、老人ホーム等の高齢者入居施設の立入調査を重点的に進め、現在までそうした施設の全てに消防用設備が設置され、防火管理を含めた消防法違反が是正されました。ただし、こうした違反処理は消防が高齢者入居施設として把握している防火対象物に限定されますので、今回のような未把握対象物で火災が起き、尊い人命が失われたことは本当に残念でなりません。

裁判官：証人は､「鮎見ハウス」の違反処理を担当している中で、万が一､「鮎見ハウス」で火災が発生した場合、高齢の入居者が逃げ遅れて死傷するという結果が頭を過ぎったようなことはありましたか。

証人：実は、私は幼い頃、富良野の実家の丸太小屋を火事で焼失してしまい、このときの辛い記憶が、私が消防職員を目指した動機になります。そして、私は、５年前のグループホーム火災のときは実際に火災現場で消火活動にあたりましたが、目の前で３名の方々がお亡くなりになったという辛い経験を通じて２度とこのような惨事を起こしてはいけないと強く決意しました。そうした思いは、今回の「鮎見ハウス」の違反処理でも常に私の頭の中にありましたが､「鮎見ハウス」が個人の住居に該当する建物であるという意識に縛られてしまい、具体的な人命危険や火災危険を予見するには至りませんでした。

裁判官：最後の質問ですが、証人は、今回の火災は、消防にとって防ぎ得た事故だったと思いますか。

証人：……今回の火災を防ぎ得たかどうかは分かりませんが、私の上司が言っていたとおり、やっぱり「消防は負け続ける」のかなと思いました。

裁判官：そうですか……。消防にとって「誠意」って何ですかね。

証人：「誠意」……ですか……。

裁判官：いや、結構です。では、これで証人尋問を終わります。証人はご苦労様でした。

判例年月日別索引

〔大正〕

〔昭和〕

〔平成〕

〔令和〕

事項索引

ア行

カ行

サ行

タ行

ナ行

ハ行

マ行

ヤ行

ラ行

〔著者略歴〕 木下《きのした》 尊氏《たかし》

昭和45年 8月	北海道函館市にて出生
平成元年 3月	東京都立青山高等学校卒業
同年 4月	早稲田大学法学部入学
平成 5年 4月	早稲田大学大学院法学科入学
平成 6年 4月	司法研修所入所
平成 8年 4月	弁護士登録（札幌弁護士会）
平成14年 4月～	札幌市消防局法律相談業務を受託
平成22年～	北海道消防学校講師（火災調査）
平成25年 4月	北海道大学法科大学院特任教授就任 （平成30年3月退任）
平成29年 4月	北海道人事委員会委員就任
令和 2年 4月	札幌市消防局顧問弁護士就任

Q&Aで考える
消防査察の実務
ー証人尋問のシナリオ付きー

定価 1,980 円
(本体 1,800＋税 10%)

編　著　木《きの》下《した》尊《たか》氏《し》 ©2021 Takashi Kinoshita
発　行　令和３年６月28日（初　版）
発行者　近　代　消　防　社
　　　　三　井　栄　志

発行所

近　代　消　防　社

〒105-0021　東京都港区東新橋１丁目１番19号
（ヤクルト本社ビル内）

TEL　東 京（03）5962－8831(代)
FAX　東 京（03）5962－8835
URL　https://www.ff-inc.co.jp
E-mail　kinshou@ff-inc.co.jp
〈振替　00180-6-461　　00180-5-1185〉

ISBN978-4-421-00953-8 C1032〈乱丁・落丁の場合はお取替え致します。〉